最美老兵

吴洪甫

有令峻 ◎ 著

花山文艺出版社
河北·石家庄

图书在版编目（CIP）数据

最美老兵吴洪甫 / 有令峻著. —石家庄：花山
文艺出版社，2020.7（2023.6 重印）
ISBN 978-7-5511-5154-2

Ⅰ.①最… Ⅱ.①有… Ⅲ.①吴洪甫－传记
Ⅳ.①K825.2

中国版本图书馆CIP数据核字(2020)第079911号

书　　名：**最美老兵吴洪甫**
　　　　　ZUIMEI LAOBING WU HONGFU
著　　者：有令峻
责任编辑：梁东方　温学蕾
责任校对：李　伟
装帧设计：陈　淼
美术编辑：胡彤亮
出版发行：花山文艺出版社（邮政编码：050061）
　　　　　（河北省石家庄市友谊北大街330号）
销售热线：0311-88643217/96/99
印　　刷：北京一鑫印务有限责任公司
经　　销：新华书店
开　　本：700×1000　1/16
印　　张：9.5
字　　数：120千字
版　　次：2020年7月第1版
　　　　　2023年6月第3次印刷
书　　号：ISBN 978-7-5511-5154-2
定　　价：48.00元

目 录

CONTENTS

吴洪甫先进事迹报告会发言稿

附 录

吴洪甫的话

当兵就要当个好兵。穿上军装是个兵，脱了军装就不是了？还是！是个兵，就要以当兵的标准严格要求自己。

当兵就要勇于吃苦，要继承发扬老红军、老八路的光荣传统，要敢说敢做敢牺牲，敢于担当，敢于做前人没做过的事。

我是从英雄营出来的，不能忘了自己是英雄营的兵，只能给英雄营增光，不能给英雄营丢脸。

接受了毛主席、周总理的接见，光荣一辈子，要当一辈子好兵。

一个人，要绝对讲信用。一言九鼎，一诺千金。做不到的不说，说了就要做到。

我要当一支蜡烛，燃烧自己，照亮别人。

自己吃点儿亏，对别人有利，心里舒服。

一个人，损人利己的事绝对不能干。损人利己的人实际上是损人不利己。

要夹着尾巴做人。一个人说的话，做的事，要本本分分，认认真真。

一个人，光吆喝不行，得扎扎实实地做工作，只有做了，才能对社会有益，对群众有利。

当兵保家卫国，是每一位中国青年的神圣职责。在部队吃了些苦，做出了一些贡献，是应该的。是部队首长把我放在了那样一个重要的岗位上，我才发挥出了重要的作用。换了别的战友，他在那个岗位上同样也能发挥出重要的作用。

我非常感谢部队和部队首长对我的培养，非常感谢战友们对我的帮助。我当了五年兵，一点儿都不亏。不但不亏，而且收获很大。当那五年导弹兵的经历，是我一生最宝贵的财富。我虽然只是中国的一个最普通的老农民，但我更是一个老兵，我要把部队的光荣传统永远发扬光大！

"我和我的家庭有红色基因"

吴洪甫 1941 年农历四月二十八日（阳历 5 月 23 日）出生在燕赵大地河北省邢台市广宗县件只乡槐窝村。

吴洪甫所在的槐窝村在乡驻地正东方向，离乡驻地有六七里，离县城有二十多公里。这个村有六百多年的历史，也就是在明朝就有这个村了。现在全村有六百多户，三千多口人。槐窝村这个村名的来历，大概是因为这一带槐树多的原因。现在，村西边还有一大片槐树。时值盛夏，浓密的槐树叶子翠绿翠绿，生气勃勃。吴洪甫说，在他 10 岁左右时，这村子外边，树林子非常茂密。他和小伙伴们从村东头爬上树，能在树上攀着枝条，到达村东七八里的邻村。

吴洪甫说，我和我的家庭，有红色基因。吴洪甫的爷爷吴玉焕在抗日战争初期是广宗城北地区的第一个地下共产党员。后来，党组织在城北又发展了几个党员，由吴玉焕担任城北联村党支部书记。1938 年，由于叛徒出卖，爷爷吴玉焕被敌人抓住活埋了。

吴洪甫没见过爷爷。

吴洪甫的父亲叫吴锡贺，兄弟三个，他是老大。在抗日战争时期参加了广宗县抗日反匪自卫团一大队，担任民兵队长。当时，件只乡有敌人的炮楼，驻扎了一队日本兵。槐窝村是共产党八路军的堡垒村。村中不少农户家挖了地窖，用以躲避战乱和隐藏八路军、共产党的干

部。吴洪甫家也挖了个地窖，能藏二十多个人。有不少八路军、共产党的干部在那个地窖里躲藏过。有的干部叫吴洪甫的母亲娘。后来担任河北省省长的一位干部就在吴洪甫家住过，父亲派了民兵拿着梭镖、铁刀保护他。

1942年农历六月初六，日本鬼子实行大清剿，来村里抓住了吴洪甫的父亲和几十名青壮年乡亲，把他们用火车押到辽宁省锦州的一个煤矿下井挖煤，当苦力。父亲被迫干了一年。在那里挖煤，活非常苦。真是出的是牛马力，吃的猪狗食。鬼子的看守以及汉奸把头动不动就打骂矿工，有的矿工生了病不给治，就死在矿井里了。煤矿还经常发生事故，砸死了不少矿工。父亲看着，在那里再干下去，只有死路一条，下决心非逃出去不可。因他从小习武，有一身武功，又当过地方武装的民兵队长，有一定的军事常识，有一天乘敌人不注意，逃了出来，要着饭，扒上了回山东的火车，历经艰险，回到了家中。总算捡了一条命。新中国成立后，吴洪甫的父亲当了多年的生产队长。

吴洪甫的二叔13岁参加了八路军，因年龄小，开始在部队文工团当队员。后随解放大军南下，到18岁时转业到地方，担任河南省焦作一个区的区委书记。这时，全国还没解放。大概在1946年，他被敌人俘虏。在监狱里，他一直没暴露身份，敌人见他年龄不大，也没想到他是个区委书记。坐牢期间，他跟一个老狱卒关系搞得比较好，就把要逃走的打算告诉了老狱卒。有一天放风时，老狱卒装作没看见，二叔乘机溜了出去，找了好多天，找到了组织。1957年，二叔上了中央党校，之后分配到天津，先后在市委、市政府的几个单位担任领导职务。

吴洪甫还有一位叔伯爷爷，是地下党员，也是革命烈士。

吴洪甫有三个姑姑，大姑夫是赵庄的党支部书记，二姑夫在县公安局工作，三姑1957年担任了教师，三姑夫是一家洗煤厂的机关支部书记。

吴洪甫说，我们祖孙好几代，组成了一个红色的大家族。

相关资料：

据《广宗县志》记载：

广宗县的抗日斗争始于民国二十年（1931年）九一八事变，止于民国三十四年（1945年）日本帝国主义投降。经历抗日救亡运动和全国抗战两个阶段。民国二十四年（1935年），广宗县开展了轰轰烈烈的抗日讨蒋斗争，为抗战爆发后八路军主力开辟冀南抗日根据地奠定了基础。抗日战争期间，冀南区委、冀南行署、冀南军区、冀南抗战学院、冀南抗日干部学校、冀南行政干部学校、冀南兵工厂、冀南银行、冀南日报社等首脑机关和院校长期在广宗办公。老一辈无产阶级革命家、军事家刘伯承、徐向前、陈赓、宋任穷、许世友、杨秀峰、陈再道、王新亭等先后在此领导冀南地区的抗日斗争。广宗县先后动员4800余人参加抗日队伍，广宗地方武装、民兵和群众配合主力部队对日伪军作战200余次，歼灭日伪军2000余人。

民国三十年（1941年）年秋，冀南人民武装抗日（筹备）委员会总会主任李尔重（新中国成立后任河北省省长）在槐窝村做征兵工作时，一股日伪军突然闯进村内。李尔重快步走进堡垒户栗国争家。李尔重刚到院内，日伪军就进了门口。栗母机智地说："我的儿啊，你来得正好，老娘的水缸都冒烟儿了，你还不赶紧给挑水去！"李尔重挑起水桶大步走向村外，顺利脱险。后来，李尔重又来到槐窝村养伤，村党支部派民兵吴存成送水送饭，悉心照料，直到伤愈归队。冀南行署转移到槐窝村后，为了方便宋任穷（新中国成立后任中共中央政治局委员、中顾委副主任、全国政协副主席）主任开展工作，堡垒户杨永堂的母亲主动承担起照顾宋任穷幼小的女儿宋琴的职责。杨母视宋琴如同己出，使宋琴平安地度过童年。

1959 年 12 月 26 日——当兵到了导弹部队

吴洪甫说，大概在我四五岁刚记事时，也就是 1945~1946 年时，我们村常来几个共产党的首长。他们穿便衣，但他们的警卫员穿军装，还背着盒子枪。老百姓都叫他们八路军。后来我在本村小学上了学，又到件只乡中学上初中，老师就讲我们河北出的抗日英雄，像最有名的易县狼牙山五壮士。讲 1939 年 11 月在涞源黄土岭战斗中，我八路军的迫击炮手用迫击炮弹炸死了日军的"名将之花"阿部规秀中将。后来我才知道，那次战斗是当时任晋察冀军区一分区司令员杨成武指挥的。我到了部队，还见过来部队视察的副总参谋长杨成武上将。

老师还讲了抗日回民支队的司令员马本斋的英雄事迹（马本斋是我们河北沧州献县人），讲 1948 年 5 月解放隆化时壮烈牺牲的英雄董存瑞，讲抗美援朝的英雄黄继光、邱少云、罗盛教。他们对我都有很大的影响。

那个时代，几乎每个青年都想当兵，当上了兵，自己无比光荣，全家也无比光荣。验兵时，有的验不上，还哭鼻子。

1959 年 11 月份，广宗县城里来了十几个军帽上缀着圆形帽徽，穿绿军装上衣、蓝军裤的解放军官兵，一看就是空军部队的。他们是来征兵的。消息传到了件只乡中学，正在上初中三年级上半学期的吴洪甫热血沸腾了："我要去当兵！"

他跑回家，把这个想法告诉了父亲。父亲说："我没意见！"又说，

"你去问问你娘，看看她舍得不。"

吴洪甫又去问母亲，母亲虽不舍得，但还是说："你愿去就去吧！"

经过严格的"查三代政审"，还有严格的体检，件只乡的吴洪甫等三个青年被验上了。全县的新兵在县人武部换上了崭新的军装，还发了崭新的军被、挎包、外扎腰带、水壶、一个包衣服的白包袱皮。这时候，虽然知道自己当的是空军，但到了部队具体干什么，是不知道的。领兵的官兵不说，新兵也不敢问。新兵们私下里也在议论猜测。有的说，反正不会是当飞行员。当飞行员那是千人挑一，万人挑一，体检要求可高了，还得坐转椅，看看你晕不晕机。有的说，那就很可能是空军地勤了，管给飞机加油装炮弹，给飞行员做饭送饭。要么就是拿把大扫帚，打扫飞机场。我在电影上看过，下了大雪，要清扫机场上的积雪。

吴洪甫想，甭管干什么，只要当了兵，就是无上光荣、无比幸福的事了。到了部队，一定要好好干！一定当一个人民军队的好兵，一定要争取立功！不立功，就不回来见爹娘和乡亲们！

新兵们在带兵官兵的带领下，从广宗乘汽车到邢台，从邢台火车站乘上火车，向北方开去。这也是吴洪甫和好多新兵第一次坐火车，只觉得很是新奇。本以为这火车得开到北部边疆的，但开了六个多小时，却在北京郊区的一个小火车站停下了。然后，又乘上部队来接兵的汽车，跑了一个多小时，进了一座营房。

到达部队的这天是 1959 年 12 月 26 日，上级给地空导弹二营命名也是这天；而在一年前，即 1958 年 12 月 26 日，是地空导弹 543 部队成立的日子。

新兵连连长给他们讲话："新战友同志们，欢迎你们来到咱们部队。你们知道我们是什么部队吗？我告诉你们，我们是中国人民解放军空军的导弹部队，代号叫 543 部队。你们当的是导弹兵！"

新战士们"哄"的一声笑了。

新兵连长却不笑，神情严肃地说："这个导弹兵，可不是让你们到了部队来调皮捣蛋的。导弹，是一种具有尖端科技的新式武器，是

专门打飞机的，叫地空导弹。它比高射炮厉害多了！"

新战士们一个个瞪大了好奇的眼睛。啊，原来我们是上这么一个了不起的部队来了。这导弹，可实在是太神秘了。

新兵连连长又说："同志们，你们是生在旧社会、成长在红旗下的一代青年，肩负着保卫祖国神圣领空的重大责任！希望你们，在毛主席、共产党的领导下，在部队首长、老兵的带领和指导下，刻苦学习政治文化和技术，苦练杀敌本领，在部队这个大熔炉里，把自己这块生铁，炼成一块好钢！在部队这个大学校里，把自己锻炼成一个合格的大学生，用青春和热血，去谱写人生的新篇章！"

连长在做了革命传统教育之后，又由指导员很严肃地宣布了保密纪律："我们这个部队是个保密性非常强的部队，要求每个干部战士要绝对保守部队的秘密。不能对任何人，包括亲人、同学、老乡讲部队内部的一切事情；写信不能写在部队是干什么的，涉及军事方面的事情，一律不准写；也不允许亲属、同学到部队来探亲。你们服役到了规定的年限（当时陆军是三年、空军是四年、海军是五年），可以回家探亲，但回去后也不准说我们部队的任何情况。如果有人问，你就说是保密，要么就说是站岗的、做饭的（讲到这里，战士们都笑了）。不要笑！这个保密规定是一条铁的纪律！任何人都不得违反！做好保密工作，应当成为我们每一个战士的自觉行动。如果谁违反了保密纪律，是要受到纪律处分乃至法律惩处的！"

新战士们的脸，一个个板起来了。

"同志们，听明白了没有？"

"听明白了！"新战士们一起响亮地回答。

有惊无险：被电打了一次

刚到新兵连的第四天，吴洪甫被电"打"了一次。

这天晚上，半夜里他去上厕所。厕所门内有一个照明灯的开关。此时，厕所内的灯不亮。吴洪甫一只脚迈进门，本能地用手去按墙上的开关。但由于开关老化了，上边的塑料绝缘盖掉了。吴洪甫右手的无名指触到了电线上，强烈的电流把他一下子从门口打了出去，仰面朝天摔在了雪地上，脑袋里顿时一片空白。在那一刹那，他明白自己是触电了，心想完了。虽还活着很可能脑子也得给打坏了。在地下躺了一会儿，定定神儿，看见了遥远的夜空中有一些晶亮的星星。他缓缓劲儿，脑子里清醒了一些，双手撑住雪地，缓缓地坐了起来。晃晃脑袋，哎，好像不大要紧，没给电死，也没电傻。他这才爬起来，回到了宿舍，把这个情况报告了班长。班长提醒战士们上厕所要注意安全，第二天派人修好了开关。

吴洪甫说，那一回，我刚当了四天兵，要是"光荣"了，也就没法参加后来两次打 U-2 侦察机了。又说，我在家的时候，农村还没有用上电，照明是点煤油灯呢。

新兵连的爱国主义教育

北京是 1919 年五四运动爆发的地方。当年就是因为帝国主义列强欺侮我们贫穷软弱的旧中国，将德国在山东的权益转送日本，致使中国外交在巴黎和会上失败，才引起了首都一腔热血爱国进步青年学生的无比愤怒，爆发了震惊中外的五四运动。

在五四运动之前的 1860 年 10 月，北京还发生过一件令全国人民蒙羞的大事，英法联军开进北京，大肆掠夺中国的财物，然后火烧圆明园。

部队组织官兵们去圆明园遗址参观。站在那些被大火焚烧后的断壁残垣面前，首长无比激愤地说："同志们，一百二十多年前，就是因为清政府的腐败无能，那些大辫子清军的腐败无能，才导致国门被打开，帝国主义的兽兵登上了中国的领土，然后开进北京，一把火烧了圆明园。同志们，这说明了什么？说明了落后就要挨打！落后就要挨打！同志们记住了吗？"

新兵们大声回答："记住了！"

首长又说："1949 年 10 月 1 日，伟大领袖毛主席向全世界庄严宣告，中华人民共和国成立了，中国人民从此站起来了，中国人民受人欺辱的时代一去不复返了。今天，正是有了我们强大的中国人民解放军的陆、海、空三军保卫着祖国的边疆、海防、空防，帝国主义侵略者才不敢踏上我们的领土一步！同志们，打天下要靠枪杆子，保天下同样也要靠枪杆子！我们一定要牢记保卫祖国的神圣使命，保卫好祖国的领空，如果敌机敢来捣乱，坚决打他个粉身碎骨！"

官兵们举起拳头，高呼口号：

牢记使命，勿忘国耻！
打倒帝国主义！
誓死保卫伟大祖国！

两个多月的新兵训练，从整理内务，包括把被子叠得方方正正，把衣服洗得干干净净、叠得整整齐齐，到走队列：立正、向右看齐、向前看、稍息、齐步走、正步走、跑步走、向左右转走、向后转走，再到练习半自动步枪的瞄准，再到实弹打靶。一点一滴，使一个学生、一个农村青年迅速转变成为一个"正儿八经"的战士。

吴洪甫和新兵们还学唱军歌《我是一个兵》《打靶归来》《三大纪律八项注意》《人民解放军军歌》，唱《东方红》《中华人民共和国国歌》《国际歌》。一个个粗喉咙大嗓门，唱得威武雄壮，震天动地。

新兵班班长说："你们不要小看这一点一滴的小事，正是这些小事都做好了，才能打下当一个真正合格的士兵的坚实基础。万丈高楼平地起，当好新兵是根基。一个吊儿郎当的兵，是干不好革命工作的，更不可能担当大任，干好重要的工作，完成艰巨的任务。"

英雄营长岳振华点兵——当上了标图员

在新兵连期间，吴洪甫认认真真地学好、做好班长、老兵教的每一个科目，有时还帮助新战友纠正一些不正确的训练动作。训练了两个多月，吴洪甫被分配到了地空导弹二营一连。

到了二营的这天，新兵们集体列队，二营营长岳振华、政委许甫带领全营营连首长站在队列前欢迎新战友。营长岳振华对新兵们讲话："我代表全营官兵，向新战友们表示热烈欢迎！"

这是吴洪甫第一次见到营长岳振华。他很年轻，只有34岁，高大魁梧的个头，人长得又威武又精明；说一口带保定味的普通话。啊，营长还是俺们的河北老乡！

欢迎会结束后，每个新兵这才发了金光闪闪的帽徽和带列兵军衔的天蓝色领章。新兵们把帽徽缀在军帽前方正中，在领口上缝上领章，一个个乐得合不拢嘴。有的还唱起了那支《真是乐死人》：

> 实行了兵役制，
> 我当上了国防军，
> 挎上了冲锋枪，
> 军装更合身。

帽徽闪金光，

领章更漂亮。

我对着镜子，

对着镜子上下照上下照，哎哟哟！

真是乐死人！

哎哟哟！真是乐死人！

到了连队，吴洪甫和新兵们才听首长和老兵们讲述了高射炮防空部队和导弹部队从成立到发展的光荣历史，还有二营光荣的战史、战功。

新中国成立之后，为了统一城市防空部队的领导，加强防空建设，准备入朝作战，1950 年 10 月 23 日，中央军委决定成立全国性的防空司令部。1955 年 8 月，解放军防空部队的总称改为"中国人民解放军防空军"。防空军在国土防空、抗美援朝作战中取得了辉煌的战果。1950 年 10 月至 1957 年 5 月，高射炮兵部队共击落敌机 448 架，击伤敌机 1684 架。

1957 年 5 月 17 日，防空军与空军合并。

在新中国诞生后，世界迅速分化为两大阵营，一个是以美国为首的反共势力，一个是以苏联为盟友的社会主义阵营。美国利用逃到台湾的国民党残兵败将，以及蒋介石反攻大陆的企图，以其先进的军事技术，支持台湾用美制的 B-24、B-25、B-26、C-46 等高空侦察机，频繁地对我大陆实施侦察等间谍活动。在被我军击落敌机 6 架，消灭敌飞行人员 140 多人之后，美蒋又不断更换机型，避开我军的打击，继续对我大陆进行高空侦察。到了 1958 年 10 月，美国将两架 RB-57D 高空侦察机交付台湾使用，开始对我大陆进行纵深侦察。RB-57D 高空侦察机的性能，远远超出我军歼击机的飞行高度和高射炮的射击高度。眼看着它在大陆领空飞来飞去，不可一世，我军却拿它没有办法。

对此，我军高级指挥员和中央领导人非常忧虑。

这时，解放军副总参谋长杨成武带来了一个好消息，他率领的参观团，观摩苏军的远东军事演习时，发现苏联防空军的萨姆–2地空导弹很先进，它的射击高度达 24000 米，至今还没有任何一种飞机能达到这个高度。萨姆–2 地空导弹在无干扰情况下，命中概率 98%，是对付 RB-57D 的有效武器。这种导弹在击中敌机后，能炸成 3600 块碎片，给敌机以毁灭性的打击。通俗一点儿讲，就是敌机进入导弹的有效射程之内，导弹在地面军事人员的操控下，可以自己去找敌机，将其击毁。

杨成武向中央军委建议，引进这种杀手锏先进武器，得到了党和军队主要领导人的支持。国务院副总理聂荣臻元帅带陈赓和宋任穷率领一个庞大的国防工业代表团赴苏联访问，采购我军急需的兵器。经过多次艰难谈判，终于达成协议：苏联同意向中国销售 5 套萨姆–2 对空导弹兵器。只是，这种兵器价格昂贵，一发导弹价值百万元，相当于购买一架米格–15 飞机。这对于经济实力还不很雄厚的新中国来说，是一笔不小的开支。

1958 年 6 月，中央军委决定，由空军迅速组建地空导弹部队，成立了第一、第二、第三营。二营驻扎在北京市大兴城以北的高米店一所废弃的军士学校里。北京军区空军选调了 32 岁的高射炮兵 511 团团长岳振华担任二营营长，选调了 31 岁的飞行团副政委许甫担任政治委员。导弹营是营级单位，所选的干部为"高职低配"。1958 年 12 月 26 日，地空导弹二营成立。

二营组建后，在苏联专家的指导和自己刻苦钻研下，文化程度不太高的官兵们很快掌握了搜索监测敌机和发射导弹的技术。

1959 年 7 月底，二营接到总参谋部通知，赶赴内蒙古巴丹吉林沙漠西端、嘉峪关以北的靶场，进行实弹打靶。

1959 年 9 月 11 日，二营奉命返回北京，进驻通县张家湾空军机场，与其他四个营一起，担负起保卫国庆十周年庆典的防空作战任务。

二营官兵众志成城，严阵以待，但是，到 1959 年 10 月 5 日备战期结束，RB-57D 等敌机却一架也没有来。

10 月 7 日 9 时 41 分，我军前沿阵地对空情报雷达发现，台北以北

50 公里的海面上空有一架大型飞机。10 时 03 分后，二营接到北空导弹群指挥所下达的作战命令：敌机可能入窜北京地区，要做好作战准备。

这架 RB-57D 飞机从温岭进入大陆领空后，先飞到南京，升至 19500 米高度，之后经徐州、济南向北京方向飞来。

12 时 04 分，当它飞到二营导弹的有效射程之内时，营长岳振华果断下令："发射！"三发导弹呼啸着飞上高空，将不可一世、耀武扬威的 RB-57D 一举击落，飞行员王英钦也一同毙命。

美、苏、英、法等国，早在 20 世纪 50 年代初就开始研制生产防空导弹兵器列装部队使用；然而，他们谁都没有经过实战检验。今天，年轻的中国空军用地空导弹一举击落美制蒋匪帮的 RB-57D 飞机，开创了世界防空史上地空导弹击落敌机的先河，揭开了中国防空作战崭新的一页，创下了一个了不起的"世界之最"。

10 月 14 日下午，空军在通县机场礼堂，为二营隆重举行了祝捷庆功大会，并对作战人员进行表彰奖励。

空军司令员刘亚楼授予作战有功的营长岳振华等十六名同志以提前晋衔、晋级。岳振华由少校军衔提前晋升为中校军衔。

二营荣立集体二等功。

也就在 10 月 7 日 RB-57D 飞机被击落之后，此种飞机再也没敢在大陆上空露面。美蒋当局用高空侦察机对大陆的侦察活动也停止了两年零三个月。

吴洪甫等几百名新战士听首长和老兵讲述了二营击落 RB-57D 敌机的英雄事迹后，又自豪，又羡慕得不得了：我们如果早入伍两个多月，不也就赶上打 RB-57D 了吗？他暗自下决心，一定学好杀敌本领，在击落敌机的战斗中贡献力量！

同时，新战士们对二营营长岳振华也钦佩得不得了，只觉得他是神话中的一位传奇英雄人物。

吴洪甫下连队到一连后，开始在配电班，被分配去开拖拉机，用拖拉机牵引发电车。他望望远处套着弹衣的巨大的导弹，虽有点儿不太满意，有些遗憾，当拖拉机手，总不如在第一线打飞机重要和过瘾啊。但又想，到了部队，干什么工作都是革命工作，没人用拖拉机牵引发电车，发电车就发不了电。没有电，全营就无法进入战备状态，发射不了导弹。就是当个拖拉机手，也要把拖拉机保养好、开好。上级一声令下，保证能开得动、开得稳。

但吴洪甫只开了一个星期拖拉机，命运就发生了历史性的转变。这天，营长岳振华来了。他看了看战士们，目光落在了个头不高、憨厚朴实的吴洪甫身上。

他问："你叫什么名字？"

吴洪甫立正答道："报告营长，我叫吴洪甫。"

"哪里人？"

"河北省广宗人。"

"多大了？"

"19岁。"

岳营长又问："什么文化程度？"

"初中，"吴洪甫答，又补充一句，"上了两年半。"

岳营长沉思了也就几秒钟，干脆利索地说："就是你了！"

新战友们不知道营长让吴洪甫去干什么。有的小声说，营长是不是挑你去当通信员啊？

就这样，吴洪甫成了全营指挥机关最重要的指挥连指挥排标图班指挥车上的一名标图员。连里还发给他一支崭新的54式手枪。这下子可神气了。

到了标图班后，有一个老兵带了他一个多月，就退伍了。这期间，有几位苏联专家还到二营来指导过一个多月的技术。一位会讲汉语的苏联专家到指挥车上来做了一番指导。这时候，中苏关系开始恶化，过了不久，苏联专家就全都撤走了。

吴洪甫就按照老兵和苏联专家讲的要领，开始刻苦练习，不明白的地方，就找技师、参谋请教。在仪器上测绘距离、方位，用计算尺计算航路捷径。在较短的时间内，他就把应掌握的技术全学会了。又经过多次练习，他对本岗位的技术就很熟练了。每当全营组织综合实战练习时，他就望着显示屏想，如果敌机再敢入侵我国大陆领空，坚决把它打下来！

吴洪甫还跟老兵和说普通话的新战友学说普通话。因为，在执行任务、报告操纵情况和应答上级指令时，必须要说普通话。

广宗这个地区，讲话跟北京和承德这一带的差距很大。作者第一次到广宗，听当地方言，既有山东菏泽和河南的味儿，又有山东聊城地区一带的味道。大概跟广宗处在河北、河南、山东三省的交界处有关系。

吴洪甫在上小学、中学时没有学过普通话，到了部队，因年轻又好学，很快就学会了。尽管说得还不是非常纯正，但还是达到训练和打仗的要求了。

这天，一位参谋拿了一份资料给吴洪甫。吴洪甫接过来一看，上边竟是营长岳振华的简介。

参谋神色严肃地对他说："看了之后不准说。军事机密！"

吴洪甫说："是！"

岳振华 1926 年出生在河北省望都县一个农民家庭，1942 年 16 岁时参加革命，17 岁入党，19 岁参军入伍，从抗日战争到解放战争，他英勇顽强，快速成为一名初级指挥员。

新中国成立前夕，我军接收了一批日式高射炮装备。岳振华从晋察冀八路军 8 团 3 连指导员岗位上被选送到新组建的高射炮团。新中国成立后，他任高射炮团第一营营长，驻防在北京广安门外甘石桥、回民学校、公安学校一带，担负北京西南方向的防空作战任务。1952 年 4 月任团副参谋长，曾随团赴朝作战，在朝鲜西部的定州、郭山、宣川一带与美国飞机作战，用落后的 76.2 毫米高射炮击落过敌战斗轰炸机，击伤过美制 B-29 重型轰炸机。1955 年任副团长兼参谋长时，老式 76.2 毫米和 37 毫米高射炮改装为半自动化指挥的 100 毫米高射炮。他所在的团成

为全军装备最先进的高射炮团之一。之后，29 岁的岳振华担任团长。

1957 年初，他所在的团并入空军战斗序列，成为空军高射炮兵第七师十九团，岳振华担任团长。1959 年 12 月，又任地空导弹二营首任营长。

吴洪甫想，俗话说，强将手下无弱兵。我来到地空二营这样一个英雄的部队，又是在威震长空的英雄营长岳振华的领导下，一是非常荣幸和自豪，二是一定能当一个合格的优秀的过硬的好兵！

吴洪甫不只刻苦学习技术，平时在各个方面都严格要求自己。比如认真学习毛主席著作，学政治理论书籍，学有关人民军队光荣历史的书籍，写读书笔记。比如打水扫地，整理卫生，出公差参加营里的其他工作。和战友谈心，帮助战友解决思想上的一些问题。他当年加入了共产主义青年团，被评为五好战士和技术能手。

他还担负起了连队教歌、指挥唱歌的职责。战士们唱的歌有《说打就打》《没有共产党就没有新中国》《团结就是力量》等。

他给父母写信，给没见过面的未婚妻刘慧文写信，讲述自己在部队的进步。但信中绝对不讲在部队干什么工作，更不能写军事机密。父母和刘慧文回信鼓励他继续努力，做一个人民军队过硬的好战士。

新兵入伍后，写的家信要求不封口，交给营保卫人员审查后，认为无泄密的字句，统一封好口寄出去。之后，新战士们都能自觉遵守保密纪律，保卫部门也就不审查了。但吴洪甫给家里写第一封信时，已是入伍半年之后了。

部队还不允许官兵们外出照相，当然更不允许在军营内照相。想在军营内照相也没有相机。吴洪甫当了五年兵，只在入伍近一年后，经批准到营房外的一个小照相馆拍了一张一寸的小照片，寄给了父母和未婚妻刘慧文，其他的任何个人和战友们的合影都没有。作者此次创作这篇纪实文学，想在稿件中附上几张吴洪甫当兵时的老照片，均找不到。吴洪甫的那张一寸小照片，因时隔五十多年，也找不到了，很是遗憾。

开赴大西北，严峻的考验

从 1960 年到 1961 年 11 月，在北京没有等来美蒋的侦察机；1961 年冬季，导弹二营接受上级任务，远赴大西北的戈壁滩。此时，我国在大西北已建立了原子弹的发射基地，得到情报的台湾当局多次派侦察机前去侦察、照相。二营这次远赴大西北的任务有两个：一个是在大西北等候敌人的侦察机上钩；二是加强训练，实施一次导弹实弹打靶演习。

一列六十节车厢的军列，载着二营的全体官兵和伪装好了的全部装备，浩浩荡荡，却又是悄无声息地朝大西北开去。因列车负载太重了，上大坡时，火车得前边一个车头拉，后边一个火车头往上推。当时火车头是烧煤的蒸汽机车，呼哧呼哧地喷吐着煤烟和蒸汽。闷罐车厢里铺上了稻草垫子，官兵们吃住都在车上。只在列车停站加水加煤时，战士们才可以到下边活动一会儿。为了保密，官兵们全换上了蓝色的工作服。营里传下令来，如有人问起你们是干什么的，统一称是"中央地质勘探队的，找石油的"。

列车在茫茫的戈壁滩上飞奔疾驰，战士们唱起了那支新疆风格的军歌：

毛主席的战士最听党的话，

哪里需要到哪里去，

哪里艰苦哪安家。

祖国要我守边卡，

扛起枪杆我就走，

打起背包就出发……

吴洪甫在家时，就跟村里的老人学会了打鼓。在列车上，他和战友们从连队的锣鼓箱子中取出锣鼓，咚咚咣咣地敲打起来，为战友们助兴和解闷。

火车开了七天七夜，抵达甘肃酒泉，官兵们用机械加上人拉肩扛，费了不少劲儿，把导弹等装备全部卸下来，装上汽车，又长途奔波 300 多公里，才到达了离原子弹实验场十几公里的一片戈壁滩上。官兵们卸下帐篷、行装，把导弹等设备设施伪装好，开始在地上打钢钎、拴绳子、支帐篷，准备烧火做饭。

在这里，条件比在北京要艰苦多了。一是风大、风多，风沙一起，刮得天昏地暗。旋风刮起的沙子打在脸上，打得生疼。二是戈壁滩上根本没有泉水，更没有水井，也没有大河。做饭的水，喝的水，只能到附近的小河里去取，那水又脏又混浊，里边还有野兽的粪便，烧开了的水又苦又涩，就这样也得用这水。饭做好了也没有菜吃，刚吃了几口，风沙来了，刮得饭碗里一层黄沙，风沙过后把碗中的米粒挑挑吃了，沙子倒掉。还有的时候，大风一来，把帐篷整个拔起来，一家伙刮出去老远，战士们冒着风沙再把帐篷拖回来。晚上，戈壁滩上的温度在零下十几摄氏度，吴洪甫和战士们怕大风再把帐篷刮跑挨冻，就穿着棉衣、棉裤、棉鞋，盖上被子大衣睡觉。尽管这样睡觉很不舒服，但战士们却说："为了战备，为了打敌机，我们什么样的苦也能吃，也不怕！""当兵嘛，保家卫国嘛，就是来吃苦的！""要享福在家里好了，那就不要来当兵！"

在风沙不大时，有的战士唱起了毛泽东主席的《长征》："红军不怕远征难，万水千山只等闲……"

在那个戈壁滩上的一个多月，根本没有水洗澡。直到撤回北京，官兵们才洗了个澡。战士们开玩笑说，洗下来的泥有半斤。脏衣服冲了十几遍，水还不清。

摔伤了鼻子

在大西北戈壁滩，吴洪甫受了一次伤，还伤得不轻，这个伤，一直伴随了他五十七年，也就是直到现在。这天下午，吴洪甫到一辆卡车上去取器械，不料此时原子弹基地进行原子弹点火试验，大地发生了如大地震般的震动，把汽车都震得跳了起来，差点儿翻倒。吴洪甫猝不及防，在车上站立不稳，被震得从车上一头摔了下去，头朝下摔到了地上的那些鹅卵石上，顿时给摔昏了过去。稍一清醒，他从地上爬起来，只觉鼻梁处非常疼痛。用手一摸，手上全是血，接着血流了下来，流到了嘴上、下巴上、脖子上，流到了胸前的衣服上。他这才知道是鼻梁给摔伤了。卫生员跑来了，急忙给他止血、包扎，但血老是止不住，从鼻孔、嘴里不住地往外流，有好多流在了胸前的衣服上、裤子上。

原子弹点火试验是绝密的，事先没有通知友邻部队。

同样，地空导弹二营进驻原子弹基地附近，也是绝密的，原子弹基地的官兵也不知道。顶多基地的首长知道。

二营只有两名卫生员两名军医，从阵地到医院，有几百公里的路程，加上训练紧张，吴洪甫明白，这时候去住院是不可能的；即使附近有医院，自己执行战备任务，自己的战斗岗位又这样重要，也不能去住院。

卫生员好不容易给他止住了血，但右边的鼻孔因鼻梁骨折了，给堵住了，不通气，只能用左边一个鼻孔呼吸。班长、排长、连长都来看他，对他说："小吴坚持住！"又对卫生员说："尽量想想办法，让他尽快恢复！"

吴洪甫吃力地说："没事，我没事！"心想，营长岳振华多次讲，革命战士是特殊材料制成的人，轻伤不下火线，重伤不叫苦。我不就是鼻子摔伤了吗？四肢心脏都没问题，没事！我一定要坚持住。

当天，吴洪甫仍带伤上岗操作。他工作了几个小时之后，班长让他去帐篷里休息，他执意不肯。班长没有办法，大叫了一声："吴洪甫！"吴洪甫立刻站了起来："到！"班长命令道："下课！"吴洪甫没办法了，只好下了车。

在荒无人烟的戈壁滩上，吴洪甫忍着鼻梁受伤的剧烈疼痛，坚持训练、演习。又过了十几天，参加了导弹实弹打靶。一直坚持到大部队完成任务返回北京。回到北京后，因训练任务繁忙，他也一直没去医院治疗。他心想，自己年轻，一个鼻孔呼吸也没问题。他又望望天上，我就一个鼻孔呼吸，也照样把你美蒋飞机给打下来。

直到1965年2月，吴洪甫退伍时，右边的鼻孔一直不通气，退伍时他也没有要求部队评残。这个伤病困扰了他四十五年，到了2006年才在广宗县医院治好了。

转战长沙，准备打 U-2 侦察机

以美国为首的西方敌对势力，一刻也没有放弃刺探中国和苏联的战略意图，特别是蒋介石集团一心想反攻大陆，更是把侦察大陆的政治军情放在最重要的位置。他们把中国、苏联两个大国的军事情报，作为冷战政策的一个重要内容，千方百计开发设计，制造先进的侦察技术装备，以达到准确及时获取中国、苏联军事行动的情报目的。RB-57D 侦察机被我空军地空导弹二营击落后，再没敢到大陆领空来。在这种形势下，U-2 侦察机渐渐地诞生了。

U-2 侦察机是美国洛克希德公司研制的单发动机涡喷式高空侦察机，主要用于执行战略或战术的照相和电子侦察任务。1956 年开始装备美空军。机长 15.11 米，机高 3.96 米，起飞重量 7384 千克，最大飞行速度 804 千米／时。机载侦照设备有：四台照相侦察用的 B 型、D-2 型、F-2 型、小相机全自动照相机，能全天候工作且分辨率高。这种飞机没有自卫武器，即没有枪炮，也没挂炸弹，它的翅膀比机身长出好多，有二十多米长。它甚至连保护飞行员的座舱加压设备都省掉了。实际上就是一种身轻如燕，专门用于高空侦察的间谍飞机。简单地说，就是装了一台喷气式发动机的滑翔机。U-2 侦察机造型独特，结构简单，但它的性能却非常优越，可以飞到 22000 米的高空，远远超出了当时世界上所有歼击机的飞行高度，最大航程超过了 11200 公里，能在目标国上空飞行八九个小时，侦察范围可以覆盖整个苏联和中国大陆。

据说 U-2 侦察机是美国洛克希德飞机公司总设计师凯莱·约翰逊给起的名字。这种飞机的外表是黑色的，人们戏称它为"黑老鸹"。

1958 年 10 月，美国为打开中国大陆纵深的"天窗"，监控中国的行动，借蒋介石企图"反攻大陆"之机，中情局驻台北办事处负责人克莱恩，向台湾当局提出了共同合作，"美国出机，台湾出飞行员"，使用 U-2 飞机实施对中国大陆的侦察。

1960 年 11 月，台湾空军独立 35 中队成立，编制为一名队长，五名飞行员。队长卢锡良，是原 RB-57D 飞行队的队长，五名队员是杨世驹、陈怀生、王太佑、郤耀华、华锡钧。具有美术才能的陈怀生为中队画了一幅黑猫标识的队徽，代表 U-2，通体乌黑的机身，可能还有狡猾灵巧的黑猫的寓意，从此"黑猫中队"就成了 35 中队的代名词。为了给"黑猫中队"鼓劲打气，蒋介石、蒋经国多次接见他们的成员。

"黑猫中队"由美国提供 U-2 侦察机，台湾提供飞行员和基地，飞行员由美国教练在美国培训。U-2 侦察机对大陆多次入侵侦察，引起空军司令员刘亚楼、副司令员成钧的高度重视。他们认为，导弹营老在北京"守株待贼"不行。因美蒋方面知道北京郊区住着我军的几个导弹部队，U-2 侦察机甚至不到北京这一带来。

刘亚楼、成钧两位将军就考虑把一个导弹营拉出去，到 U-2 侦察机多次出没的地方设伏，寻找战机，将其击落。这样就可以极大地壮我军威国威，打掉美国的嚣张气焰，打破蒋介石企图反攻大陆的美梦，鼓舞全国人民战胜自然灾害的信心和勇气。

刘亚楼、成钧两位将军经向中央军委请示，又经过反复研究，决定派地空二营前去长江以南的樟树机场设伏。因 U-2 侦察机常到湖南这一带侦察活动。

1962 年 6 月 28 日下午，二营将兵器撤出阵地，按摩托化行军列队，天黑之后朝南苑机场出发。但中途接到铁道部和军交系统通知，江西连日大雨，洪水泛滥，赣江大堤决口，铁路中断，列车不能按原计划开进，必须在长沙停靠卸载。

抵达长沙时，天色已晚，上级指示二营进驻长沙空军大托铺机场。

这是二营第一次机动作战，作战的对象主要就是 U-2 侦察机。

中了一次水毒

　　湖南四季常青，树木很多，很高大，隐蔽导弹和设施倒不是很难的事了。导弹和雷达车藏在树林里，敌机是拍不到的。老百姓也不容易接近。在湖南，二营转战了株洲、湘潭、长沙等好几个地方。但是，去湖南时正值炎热的夏季，阳光照射下，地面气温有四十一二摄氏度。如果进了指挥车工作，车内的温度有四十二三摄氏度。虽说气温这样高，但大家只穿个裤头，脖子上搭条毛巾，在车上坚持监测，每天得喝好多水。白天工作苦，晚上的睡觉也是个大难题。长沙号称中国四大火炉之一，晚上和白天几乎一样热，甚至比白天还要闷热。连队宿舍在一座废弃的大厂房里，战士们在地上打地铺，躺在小蚊帐里，大汗淋漓，热得睡不着。

　　此外，部队驻扎在郊区，那里的蚊虫特别多，咬人特别厉害。官兵们的手上、脸上、胳膊上、腿上、脚上，给叮得全是红包，又疼又痒。有不少战士被蚊虫叮咬后中了毒，引起发高烧，拉肚子。尽管这样，官兵们仍咬紧牙关，坚持在阵地上，发誓一定要把U-2侦察机给打下来。

　　吴洪甫说，在那个期间，我遭遇了一个大问题。这天在车里工作了一天，热了一天，下午五点多下了车，因为实在是给热坏了，就来到了附近的一条小河边，想下去冲一冲，凉快一下，降降温。在水里泡了一阵子，还没感觉到不舒服。但上了岸之后，不一会儿浑身的皮

肤就疼起来了，是那种火辣辣的疼，接着全身浮肿起来。我急忙去找卫生员张维增，他看了看，问了问情况，说你这是中水毒了。这河里的水有毒。他让我吃了药，但不大管用。又过了一会儿，全身就肿得像发了酵的面团，脑袋肿得像个大南瓜，躺在那里不能动了。嘴肿得吃不下东西，喝不了水。当时我都以为自己要完了。如果我这么年轻就光荣了，还怎么完成打 U-2 侦察机的任务呢？卫生员又去叫营里的军医来为我诊治，挂上瓶子输液。就这样我在地铺上躺着。班长杨士清一直陪着我，给我打饭、拿药、擦洗身上。晚上就睡在我身边，陪了我七天七夜。无线电班班长李振华和战友们也一块儿照顾我。要不都说战友胜似亲兄弟呢。中了水毒的第三天，我觉得好了一些，还让李振华给我拿了一支作业用的铅笔，练习计算。坚持了七天，身上的肿才渐渐消退了。也就从我中了水毒后，营里下了个通知，要求一律不准到池塘里、小河里去洗澡，去那流动的大河里洗澡不要紧。

吴洪甫长叹了一声，对作者说："我这大半辈子，什么罪都受过了。"

杨士清是 1957 年入伍的兵，河北枣强人。他也是一等功臣。吴洪甫说，我打退伍后没见过他。2009 年，这天我正在石家庄陪老伴做手术，杨士清给我打了电话来，说在报纸上看到了我的事迹和电话号码。我一听就是老班长。二人聊了一阵子，很是亲切。他今年已 81 岁了。

李振华也立过一等功，后来提了干，共当了三十八年兵，当到了旅参谋长，转业到了天津。

在湖南坚持了一个多月，U-2 侦察机没有上这边儿来。战斗训练任务相当烦琐和艰巨，随着时间的推移，天天冒着酷暑备战，敌机老是不来，大家不免就产生了一些急躁情绪。

转战江西南昌向塘，打下了第一架 U-2 侦察机

一眨眼的工夫，四十多天过去了，营长岳振华、政委赵彬一再对官兵们讲，要耐着性子等待战机，以稳定部队的情绪。

这时，阵地上传来了总参谋长罗瑞卿大将"大海捞针，总不死心"的指示。营长岳振华教育官兵们要以坚韧不拔的毅力，树立长期机动作战的思想，同时请示上级能否将二营机动到有敌机多次出没的地区设伏。

上级和二营经过分析，江西南昌地区是 U-2 侦察机活动航线的交织集中地。这些日子敌机在这一带进进出出，有八次之多。上级指示，二营放弃长沙，机动南昌设伏，阵地设在江西南昌向塘。

南昌是 1927 年举行八一起义的英雄城，是创建人民军队的地方。吴洪甫和战友们来到这里，只觉得非常振奋。战士们唱着："雄伟的井冈山，八一军旗红，开天辟地第一回，人民有了子弟兵……"

官兵们很想去参观八一起义纪念馆，但因备战任务太紧张，没能实现。

为了诱敌上钩，空军副司令员成钧想出了一计，下达命令，指示南京军区空军派飞机飞到江西。9 月 6 日，一个轻型轰炸机大队，从南京市郊的大校机场起飞，向南方飞去，降落在南昌的向塘机场。第二天，一架大型图 -4 轰炸机，又从大校机场起飞，以 8000 米的高度，向南

昌飞去，降落在了江西樟树机场。

这些轰炸机降落后过了不长时间，又一架架飞起来，飞到别的机场，在那里休息一会儿，又伸展着大翅膀飞了回来。降落后不长时间又飞了起来，飞到别的机场。如此往返非常频繁。

吴洪甫和战友们听着天上飞机巨大的轰鸣声，看着一架架银鹰飞来飞去，也有点儿纳闷儿。有的说，我们的战鹰在搞演习吧？还有的说，是不是准备解放台湾了？咱们的轰炸机厉害着呢！先把老蒋的飞机场、军舰炸它个人仰马翻！

老参谋吴桂华悄悄地对吴洪甫说："小吴，我告诉你一个军事机密，咱们的轰炸机在钓鱼呢！"

"钓鱼？"

"钓台湾那边的大黑鱼！"

"唔。"吴洪甫明白了。

吴桂华参谋说："做好一切准备，等着一场好戏看吧！"又说，"哎，保密！"

"是！"

轰炸机们连续起飞了三天，敌人果然中计了。台湾当局的防空雷达侦察到这个情况，美蒋立即警觉和重视起来。他们搞不明白解放军要搞什么名堂，是不是真的要炸他们一家伙。9月8日，即派出一架U-2侦察机从台湾桃园机场起飞，对沿海一带进行侦察。

好啊，鱼终于上钩啦！营长岳振华下令，全营对此敌机严阵以待，准备张网捕贼。但这架U-2侦察机到广州侦察了一番，却入海返航了。一年之后，我军才得知，由"黑猫中队"副队长杨世驹驾驶的这架飞机，飞到桂林时，出了故障返航了。第二天，驾驶另一架U-2侦察机的陈怀，当了他的替死鬼。

9月9日，二营等来了上钩的另一架U-2侦察机。6时30分，二营指挥所无线电员报告：收到了7300批（空中情况代号）目标，大型飞机一架。

值班参谋陈辉亭接到报告后，判断可能是U-2侦察机从台湾起飞，立即下令标图员标图，并向营长岳振华报告。

营长岳振华下令，拉响战斗警报，全营指战员飞快地跑向各自的战斗岗位，进入一等战备状态。

吴洪甫跳上指挥车，坐在了岗位上，聚精会神地注视着荧光屏。

岳振华和政委、副营长兼参谋长进入指挥所，密切关注敌情。7时32分，U-2飞机到达平潭岛上空，高度20000米，开始进入大陆侦察。它从平潭岛入陆，飞到福州以南鼓山，便沿着南平到福州的铁路线向鹰潭和南昌方向一路窜去。

远方作战参谋吴桂华经过测量后，向营长岳振华报告：敌机目标距离500公里，高度20000米，时速720~800公里，40分钟可以到达向塘上空。

营长岳振华听了报告说："好啊，它今天终于来了，总算等到它了！"当即下令："营指挥所进入一等战斗准备！"他登上指挥车，拿起指挥话筒做了简短的战斗动员。

话筒里传出各岗位指挥员坚强有力的声音："坚决完成任务！"然而，U-2侦察机距离二营阵地还有70公里时，却没有进入二营阵地上空，而是从二营阵地东侧70公里处，朝江西九江方向飞去。

莫非就要撞到枪口上的"黑猫"又要溜了？从空军到二营的各级指挥员耐心地观察了几分钟，却见U-2侦察机飞到了九江上空，越过长江后，突然来了一个180度大转弯，对着南边直接飞过来了。

U-2侦察机距离二营阵地65公里时，营指挥所参谋陈辉亭使用TI-30雷达情报，测出目标航路快捷方式，向营长岳振华报告：目标航路快捷方式8公里。

营长岳振华一听，具备射击条件，立即发出"同步"的命令，随着引导技师按下"同步"按钮，四个导弹发射架跟着制导雷达天线转了起来，四发导弹昂首待发，直指苍穹。接着，营长岳振华下达"前置法，导弹三发，39公里发射"的命令。

当U-2飞机刚已接近39公里线，引导技师向营长岳振华报告："发射距离到！"

方位角操纵员刘树山报告："发现！"

距离操纵员毛景堂报告："发现！"

高低角操纵员佟云红报告："发现！"

杀伤操纵员吴洪甫迅速地在标图板上计算、连线，马上报告："两八（28）！两幺（21）！"

营长岳振华立即下令："发射！"

引导技师依次按下发射导弹的按钮，三发导弹发出雷鸣般的巨响，喷着火舌，蹿出发射架，腾空而起，向U-2侦察机飞去。引导显示器上，导弹接收着制导雷达的指令，不停地修正着制导误差，迅速向U-2侦察机信号接近。当导弹信号和U-2侦察机信号重合在一起的时候，瞬间变成一团闪光的火花，接着显示U-2侦察机的亮点开始朝下方坠落。引导技师报告："击中目标！"

官兵们顿时一片欢腾。

营长岳振华在引导显示器上观察到U-2侦察机残骸坠落在地后，立即走下指挥车来到指挥所，叫通信参谋接通空军司令员刘亚楼的电话，向刘司令员汇报了击落U-2侦察机的胜利消息。刘亚楼向岳振华和二营表示祝贺和鼓励，又打电话向中共中央办公厅主任和总参谋长罗瑞卿大将做了战况汇报。

二营指挥所里，岳振华正在思考战后应马上做哪些工作，突然，电话铃响了起来。值班参谋拿起话筒一听，电话是中南海打来的，便立即报告："营长，中南海电话。"

岳振华一听，忙站起来接电话，电话里说："你是二营营长吗？我是周总理办公室秘书，请拿好电话，现在周总理要跟你讲话。"

岳振华迅速立正，挺直身板，说："我是岳振华，请总理指示。"

吴洪甫和指挥所里的官兵，一听是敬爱的周总理亲自打来了电话，赶紧站起来，立正站好，望着接电话的岳营长。

电话里，周总理说："我是周恩来，刘亚楼向我报告，你们今天上午打下了一架 U-2 侦察机，这是个伟大的胜利。毛主席听到这个消息非常高兴，我代表党中央、国务院和全国人民向同志们表示祝贺。"

岳振华回答："我代表二营指战员感谢党中央、毛主席和周总理的关怀。我们一定按照毛主席'全力以赴，务歼入侵之敌'的教导，保卫好祖国领空。"

全营官兵得知这一喜讯，兴高采烈，奔走相告。周总理的电话给了官兵们巨大的鼓舞。

吴洪甫说，周总理打到我们二营的电话，是经过绝密的专线几次转接才接过来的。这条专线外界人士不知道，敌特也是侦探监听不到的。

这是中国空军第一次用导弹击落不可一世的美蒋 U-2 侦察机。驾驶这架飞机的飞行员原名叫陈怀，32 岁，中校军衔，因战功显著，曾被蒋介石多次召见，并题别号怀生。此次被导弹碎片击中心脏，落地后送往南昌医院抢救无效死亡。

我军首次击落 U-2 高空侦察机，为保密，新华社只发布我军在华东地区上空击落 U-2 侦察机一架，其他情况均未披露。但此事在国际上引起巨大震动。西方认为中国还没有地空导弹，苏联也没有给中国地空导弹，中国现在只有米格 -19 歼击机，这种歼击机，是不可能击落 U-2 侦察机的。

《人民日报》在头版头条重要位置刊登大字消息：

庆祝我军击落 U-2 飞机的重大胜利
粉碎美帝国主义战争政策和侵略计划

据传，在一次公开的场合，一群外国记者围住周恩来总理，问他中国是用什么武器打下 U-2 侦察机来的？周总理风趣地说，那是 7 亿中国人民一起用拳头打下来的。

在另一次记者招待会上，有的外国记者问时任外交部部长的陈毅元帅，中国是用什么武器打下了 U-2 侦察机？陈毅元帅诙谐地说，我们是用竹竿把它捅下来的。

1962 年 9 月 9 日，二营打下了第一架 U-2 侦察机，空军在向塘为二营举行了祝捷庆功大会。

在大会上，成钧副司令员宣读了国防部的嘉奖令，空军发布了给第三训练基地二营记一等功的命令，还宣读了空军第三届党代表大会的贺电。

大会为 89 名立功受奖人员颁了奖，全营荣立集体一等功，营长岳振华由中校晋升为上校。

吴洪甫由中士晋升为上士。

当时的条令规定，晋衔晋级是高于一等功的奖励。

吴洪甫把自己提前晋衔的喜讯写信告诉了未婚妻刘慧文，但对于为什么获得了这次表彰在信中不能说。刘慧文自然为他高兴，给他回信表示祝贺，并鼓励他再接再厉，再立新功。

之后，部队把吴洪甫提前晋衔的喜报寄到了广宗县政府，县里有关单位带上喜报到槐窝村，和村支书一起把喜报送到了吴洪甫家中。

岳振华跟随刘亚楼司令员乘飞机回到北京，参加了空军第三次党代会。在党代会上，毛泽东主席、刘少奇主席、周恩来总理亲切接见了岳振华。毛主席握着岳振华的手，重复着说："岳振华同志，打得好，打得好哇！"

空军第三届党代会闭幕后，迎来了中华人民共和国的第十三个生日，岳振华被指定为空军国庆观礼团的团长。这一天，毛主席在怀仁堂接见了解放军国庆观礼团，合影时岳振华被安排在毛主席座椅的后边。毛主席就座时，一看身旁是打下 U-2 侦察机的二营营长岳振华，立刻高兴地一边握着他的手，一边叫着："岳振华。"然后才坐下照相。

10 月 1 日上午，解放军观礼团参加天安门前举行的盛大庆祝活动，岳振华的观礼位置被安排在天安门城楼的西头。在天安门城楼西头，岳振华见周总理走过来了，急忙迎上前去给总理敬了个礼。周总理握着岳振华的手说："岳振华同志，给你下个任务，一会儿毛主席从这里上来，你站在这个门口迎接毛主席。"

过了一会儿，毛主席乘电梯上来了，一见是岳振华，伸出大手来握他的手，说："你来得早啊！"岳振华说："我在这里迎候主席。"说着随同毛主席走到天安门城楼的休息室后，才又回到自己的观礼位置。

短短几天时间里，一个基层军官，一连三次见到毛主席，这是何等的殊荣啊！喜讯传到二营，全体官兵也像他们的营长一样，感到无比幸福，无上光荣。

吴洪甫说，打下了第一架 U-2 飞机，想想自己中水毒受的罪，也真值得了。

二营回到北京后，营里组织官兵们去中国军事博物馆参观，官兵们见到了那架 U-2 侦察机的残骸。有的战士指着那架拼起来的飞机残骸说，哈哈，手下败将！还有的战士说，它 U-2 侦察机再敢来，还得上这里来报到！哈哈！

总结经验教训，创造"近快战法"

　　自 1962 年 9 月 9 日二营打下第一架 U-2 侦察机之后，美蒋方面挨了当头一棒，损机折飞行员，有半年多时间没有派飞机到大陆上空侦察。

　　但到了 1963 年 3 月 28 日，美蒋方面又耐不住寂寞，派"黑猫中队"队长杨世驹驾驶一架 U-2 侦察机，从南朝鲜（现称韩国）群山基地起飞，直扑大西北，经包头、乌苏木一线，侦察甘肃鼎新、居延海以南地区。空军首长们研究了敌情，指示设伏在居延海以南的地空导弹四营，抓住战机，把再次入侵的敌机打下来。但是敌机在鼎新上空转了个倒八字，在离四营阵地还有 113 公里、航路捷径大于 90 公里时，没有进入四营导弹的有效射程之内，就溜掉了。官兵们感到很是遗憾。

　　二营营长岳振华看到这个情况，召集营首长和技术人员进行研判。大家分析，敌机如此警觉，很可能是安装了对付萨姆-2 导弹的预警装置，它一进入萨姆-2 导弹制导雷达的搜索范围就可能报警。我们必须针锋相对，研究出一种在尽量短的时间内，在导弹有效射程范围内进入快速击落敌机的战法。

　　事实正如二营指战员研判的那样，在第一架 U-2 侦察机被击落之后，美蒋方面分析中国空军已有了萨姆-2 地空导弹。为了对付萨姆-2 地空导弹的雷达系统，科技发达的美方组织资深电子专家，研制了半年，制造出了一种"第 12 系统"预警装置。这种装置安装在飞机上，萨姆-2

吴洪甫（右）和老战友在萨姆 –2 导弹前

制导雷达一开天线捕捉目标，就会立即报警，飞行员听到报警声会马上机动转飞，逃避导弹的打击。

营长岳振华和技术人员经过迅速研究，认为击落敌机的区域都集中在 38 公里至 35 公里这段上。在 38 公里至 35 公里的范围内发射导弹，不管 U–2 侦察机飞行员如何压坡转弯机动逃脱，都躲不过有效杀伤区；只要及时准确地发射导弹，一定能够击毁目标。

岳振华营长提出，发现敌机后时间要短，瞄准要准，跟踪动作要快。一般情况下，以前 8 分钟要做完的动作，必须缩短在 8 秒内完成。岳振华亲自组织全营合练，把需要改进的射击指挥程序和战斗操作动作一个一个确定下来，边练边改，边改边练，经过上百次的训练，全员终于达到一开天线，就能在显示器上垂直水平标准中将第一发导弹发射出去。

听了营连首长下达的训练任务，吴洪甫感到肩上的担子更重了。

他根据上级的要求加上自己的理解，上机反复演练，不知练了多少次，连吃饭时、做梦时都在演练计算。他给自己设了一个更高的目标，营里提出的是 8 秒内锁定目标，开天线，捕捉目标，然后发射导弹，我能不能把时间再缩短一些，7 秒行不行？ 6 秒行不行？平时的摸爬滚打，千锤百炼，就像奥运会的跳高运动员参加比赛，那一段几十米的助跑就是为了那个纵身一跃。运动员比赛有三次机会，还允许失利，但打飞得又高又快的 U–2 侦察机，只有一次机会，而且绝不允许失利。一旦失去战机，这个机会就不来了。因此，必须保证有绝对的把握，能百分之百胜利！

经向上级汇报，上级还派我军的飞机来，多次飞过二营阵地上空，进行实战演练。

练兵千日，用兵一时。全营官兵苦练歼机技术，就等敌机来了。

由此，对于对付 U–2 侦察机上的预警装置，岳振华营长和全营指战员就信心十足了。空军司令员刘亚楼听了营长岳振华的汇报，给这个战法起了个名字，叫作"近快战法"。

这个"近快战法"，在 1978 年获全军科技进步一等奖。

学 习 雷 锋

1963 年 3 月 5 日，毛泽东主席为雷锋题词 "向雷锋同志学习"，全国、全军掀起了向雷锋学习的热潮。地空二营的官兵天天唱《学习雷锋好榜样》："学习雷锋好榜样，忠于革命忠于党，爱憎分明不忘本，立场坚定斗志强。"

吴洪甫学习了雷锋的英雄事迹和《雷锋日记》，很受感动。他在日记中写道：

> 雷锋同志是 1940 年 12 月 18 日出生的，比我大四个月。他跟我同年入伍，殉职时只有 22 岁。他在平凡的岗位上做出了不平凡的业绩，我要好好地向他学习，努力学习毛泽东著作，加倍苦练杀敌本领，在打击敌机的战斗中再立新功。

他把雷锋最有名的那段话工工整整地抄在了日记本上：

> 人的生命是有限的，可是，为人民服务是无限的，我要把有限的生命，投入到无限的为人民服务之中去。

在江西上饶，打下了第二架 U-2 侦察机

1963 年 10 月 24 日，二营刚刚做完了兵器年度定期维修工作，就接到了紧急向江西上饶地区机动设伏的命令。于是，10 月 25 日和 26 日，大队人马乘上两列专列，从北京昼夜兼程开往上饶。

这一回，全营官兵是穿着军装出发的。

在南征北战长途奔波的路程中，官兵们多次路过自己的家乡。有时候停车的车站，就在自己的家乡，但因重任在身，都不能回家。有一次，军列在一个车站停下，要停两个多小时。一个战士从车上看到了站外一个小院里的姥姥。好像是亲人之间有心灵感应，姥姥几次朝军列这边张望。这个战士流着泪，喃喃地叫着，姥姥，姥姥，但却不能回家。

二营进入上饶设伏区域后，上级为了诱敌机上钩，也指令我军的飞机多次起飞，以引起美蒋方面的注意。

11 月 1 日，集群指挥所的作战会议在上饶市区的一个会议室召开。营长岳振华和政委赵彬参加了会议。

7 时 04 分，作战会议还没开始时，南京军区空军给上饶集群指挥所发来了通报：今天有 U-2 侦察机飞出来活动。好啊，我们刚刚到上饶六天，U-2 侦察机就自动上钩了。

7 时 25 分，一架 U-2 侦察机飞到温州东南 250 公里处，高度升为 17000 米时，改变航向，朝温州方向飞去。之后爬高到 20500 米，改变航向，向大陆飞窜。

8 时整，U-2 侦察机从龙游、汤溪之间飞过，径直向大西北方向飞去。

空军首长听了汇报，判断敌机再过五六个小时，很可能还要飞回来，于是向各营部队下达了抓紧进行战斗准备，打回窜敌机的命令。

二营在家的指战员接到命令，立即进入作战的紧张准备。警报声响起来了，全营官兵迅速进入了自己的战斗岗位。

11 时 15 分，集群指挥所仍在开会时，U-2 侦察机完成了预定的侦察任务，从鼎新开始返航了。

13 时，集群指挥所的参谋报告：U-2 侦察机经湖北的老河口向武汉方向回窜。根据航线判断，U-2 侦察机很可能沿着以往的老航线：兰州、西安、老河口、武汉、九江，从上饶至衢州一带返航，飞入上饶集群火网的可能性很明显，捕捉战机的时候到了。

营长岳振华、政委赵彬马上离开会场，乘上司机开的嘎斯 -67 苏式吉普车，风驰电掣般地赶回二营阵地。

这一次，指挥车上的官兵有：

营长岳振华；

引导技师张宝林（负责按动导弹发射按钮）；

引导技师张守义（在松 -9 雷达天线车上）；

距离操纵员刘树山；

方位角操纵员毛景堂；

高低角操纵员佟云红；

杀伤操纵员吴洪甫。

14 时 11 分，U-2 侦察机通过景德镇后，调整方向，对准上饶飞行。敌机目标越来越近。近方作战参谋向营长岳振华报告：距离 35（公里），（航路）捷径 5（公里）！

指挥车上的四名操纵员，各自按照指挥部的目标指示，锁定着 U-2 侦察机的方位、距离和高低角。

但是，也就在 U-2 侦察机进入导弹的有效射程后，显示器上的目

标亮点突然不见了。吴洪甫说，当时我精神高度紧张，脑子里别的什么也没想，也来不及想，不允许想；什么打胜了立功，打败了受处分，都没想。要请示首长来不及了，再不报数据，敌机可能很快就要溜掉了，战机瞬间也就失去了。在那短短的一两秒时间里，我判断U-2侦察机虽然在显示屏上消失，但它肯定还在导弹的有效射程之内。我胆子一壮，冲口就报道："幺九（19公里的简称）！"又报道，"可以命中一发！"战果证明，三发导弹真的命中了一发。

站在吴洪甫身后的营长岳振华立即下令："发射！"

引导技师将目标信号引导到显示器中心。

岳振华营长又下令："开天线！"

引导技师迅速按下发射按钮，"轰！轰！轰！"三发导弹喷吐着火舌，向20000米高空的U-2侦察机射去。在导弹发射两秒后，才打开雷达天线。第一发导弹与U-2侦察机擦肩而过，战斗部没有起爆。第二发导弹在与U-2侦察机目标遭遇时，战斗部起爆，击中目标。

黑色的敌机开始往下掉。官兵们顿时欢呼起来："打中了！打中了！又干掉了他一架！"

这时，岳振华营长命令："恢复二等（战备状态）！"

操纵员们忙把机器关了，打开车门，吴洪甫先下去的。

岳营长下了车，拍着吴洪甫的肩膀说："小吴，你个吴大胆，让导弹长了眼睛了！"

吴洪甫说，从10月27日到达上饶到11月1日击落U-2侦察机，只有短短的六天，我们实在是太开心啦。

进了指挥所，空军副司令员成钧招呼吴洪甫和战士们："来来，坐到这边来！详细说说你们是怎么打下U-2来的。"

吴洪甫还不敢坐。

此架U-2侦察机的少校飞行员叫叶长棣，曾获蒋军"战斗英雄"称号，多次受到蒋介石接见。此次U-2侦察机被击落，他跳伞落地后被我军民俘虏，捡了一条小命。

晚上，全营会餐庆祝。空军首长举起酒杯，向官兵们表示热烈的祝贺。

11 月 2 日晚 22 时，空军在上饶举行了隆重的祝捷庆功大会，参加祝捷大会的有：国防部副部长、中国人民解放军空军司令员刘亚楼和当地党政军的负责人成钧、王辉球、聂凤智、余立金等空军中将。

刘亚楼司令员宣读了国防部表彰二营的嘉奖令。

王辉球中将宣读了这次作战立功受奖的部队和人员名单。二营荣立集体一等功，全营有 131 名官兵立了战功。指挥车上的 6 名官兵，全部荣立一等功。

22 岁的年轻战士吴洪甫位列这些立功人员之列，荣立一等功。

当时立一等功，只发了一张奖状，并记入档案，没有颁发军功章。

11 月 4 日，南京军区在上饶又为二营举行了一次隆重的祝捷授奖大会，授予二营集体一等功。

南京军区司令员许世友上将和空军司令员刘亚楼等空军首长出席了祝捷大会。

在我军历史上，两个大军区单位为一个小战斗部队先后召开庆功会，实属罕见。

1964 年 1 月 11 日，空军根据国防部的命令，授予岳振华同志"空军战斗英雄"的称号。从 1959 年二营在营长岳振华的坚强指挥下，先是击落了一架 RB-57D 侦察机，又连续击落两架 U-2 侦察机，三战三捷，为祖国、为人民军队立下了赫赫战功，威名大震。

打下第二架 U-2 侦察机后，营长岳振华被上级任命为副师长，仍主管二营的训练和作战。

之后，每年入伍到二营的新兵听到自己来到了这么一个英雄部队，有这样一位英雄营长，只觉得太荣幸太幸运了。

更让他们荣幸和幸运的大捷和喜事还在等待着他们。

打下了第二架 U-2 侦察机，空军首长指示，一定要把飞机残骸全部找到，而且要特别注意搜寻飞机上的预警装置。官兵们经反复搜寻，

终于找到了一个方形的小盒子，经技术人员检验就是预警装置。据被俘的飞行员叶长棣供述，那个方形小盒子就是"第12系统"预警装置。他飞到二营阵地的上空后，预警装置曾报了警，但他想扭动方向逃跑时已经来不及了。

这证明，空军首长和岳振华等领导的分析判断是完全正确的。此战还应了一句老话：知己知彼，百战不殆。

在参加完庆功祝捷大会后，二营这才得空组织官兵们前去参观附近曾关押过新四军官兵的上饶集中营。官兵们看到那些关押新四军官兵的牢房，看到那些拷打摧残新四军官兵的站笼、老虎凳、绳索、木棍、皮鞭、手铐、铁镣等，受到深深的震撼。大家深感今天的幸福生活来之不易，它是先辈们用生命和鲜血换来的，更加坚定了苦练杀敌本领，再创辉煌战绩的决心。

远赴内蒙古"守株待贼"

1964 年初夏，导弹二营按照上级的命令奔赴内蒙古，准备在那里设伏打掉多次来此盘旋侦察的 U-2 侦察机。在这之前，U-2 侦察机已多次飞到内蒙古进行间谍侦察和拍照。空军首长经多次分析研究，估计敌机还要去那一带活动，才做出了让二营前去设伏的决定。

为了隐蔽自己，防止暴露目标，二营全体官兵仍换上了蓝制服，帽子和领子上没有任何标志。营首长在动员时说，我们对外仍一致说自己是中央地质勘探队的。

大队人马和装备装上火车，开到位于内蒙古土默特左旗的陶思浩火车站，这里离北京站 735 公里。下了火车，将装备装上汽车，又开到了哈素海。来到了这里，有一个很令部队头疼的问题，那就是一望无际的大草原上，无遮无挡，没有山谷，也没有树林，导弹等装备很难隐蔽。战士们就用帆布篷伪装网把它们遮盖起来。还有，这草原上放牧的牧民，他们看着汽车运载的一个个庞然大物感到很是好奇，开始每天都有不少群众赶来观望。尽管部队设了警戒线，警卫人员没有携带步枪，把手枪藏在裤子口袋里或插在腰间，但牧民们离得老远，还是能看到部队用帆布盖起来的装备。有的牧民就问，你们是干什么的？战士们说是勘探队的。牧民问，你们来这里找什么？战士们说找煤、找铁矿石，也找石油。牧民又问那你们招工吗？我们来干临时工也行。战士们说，

招工那就得等上级批准了。

部队与当地政府和村庄的领导人联系，让他们劝说居民们平时不要去围观"勘探队"。时间一长，新鲜劲儿过了，居民们去观望的也就少了。

营连指挥员一刻也没有忘记来内蒙古的艰巨任务，在做好伪装的条件下，打开仪器，密切地观察着天空的动向，搜寻着 U-2 飞贼的踪影。但十几天过去了，敌机一直没有出现。

营指挥员也在分析判断，是不是我们这大队人马来到大草原上，被潜藏在大陆的敌特发现了，报告给了美蒋方面；还是敌人的侦察机从高空飞过，发现了我们的行踪。营指挥员及时向上级汇报，上级也派出保卫人员查找隐藏的敌特。

部队驻地的内蒙古草原十分漂亮。天非常蓝，草原一片碧绿，附近还有一大片沼泽地。沼泽地里水不太深，也就刚没过膝盖，但水草异常繁茂，还有各种颜色的野花，草丛中有数不清的水鸟、野鸭，一飞起来有几百只上千只。有不少鸟还飞过来，落在装载导弹和设备的车上和帐篷上。休息时、晚饭后，吴洪甫和战友们常到沼泽地边上去玩，看草、看花、看鸟，还抓了一些鱼送到炊事班改善生活。有个嗓子很好的战士还唱起了歌：

> 蓝蓝的天上白云飘，
> 白云下面马儿跑，
> 挥动鞭儿响四方，
> 百鸟儿齐飞翔。
> 要是有人来问我，
> 这是什么地方？
> 我就骄傲地告诉他，
> 这是我的家乡……

在内蒙古，天不太热，倒是不受罪，但官兵们不是来旅游的。

奔袭漳州，打下了第三架 U-2 侦察机

在哈素海待了一段时间，U-2 侦察机却一直没有对那一带进行侦察。但远在南方的福建漳州沿海一带机场上空，美蒋 RF-101 侦察机却活动频繁。他们大多采用低空进入，然后快速爬高到高射炮火力范围以上，急忙照完相就返航。他们的这种战术，我们的雷达发现目标困难，情报保证也不够连续，高射炮和歼击机多次进入战斗状态都没打着它。空军决定将一个导弹营拉到漳州前沿，打击 RF-101 侦察机的猖狂活动。这个任务历史性地落在了二营肩上。

6 月下旬，大队人马从内蒙古陶思浩启程，经过七个昼夜的长途奔波，到达两千多公里以外东南沿海的漳州。抵达漳州的郊区后，官兵们不顾长途跋涉几千里的劳累立即安营扎寨。在树林、竹林中架起威武的导弹，并迅速伪装好，打开雷达，静静地等待 RF-101 敌机的到来。

当地天气异常炎热，蚊虫很多，咬人很厉害。有一次，部队集合在阵地旁，听老营长岳振华讲话，突然有一只毒虫咬了一个战士的小腿。如不及时抢救，会有生命危险。还好当时军医在，为这个战士采取了治疗措施。

等了几天，时机终于来了。

7 月 7 日 8 时 19 分，一架 U-2 侦察机从台湾桃园机场起飞，飞到上海东南方向后，左转弯从上海入陆，飞到南京后又折转向东南，从

杭州湾入海在海面上飞行一段后，又从温州方向入陆，做出向福州、郑州入窜的企图。

另一架从菲律宾库比角基地起飞的 U-2 侦察机，从广州与海南岛之间的阳江入陆，侦察了广西的南宁、崇左和湖南的衡阳。看来它的意图是侦察我国援越物资的补给情况。

12 时 30 分，两架 U-2 侦察机中的一架不知死活地冲漳州方向飞来。

12 时 36 分，近方作战参谋报告："目标距离 32.5 公里，航路捷径 6 公里。"

营长岳振华果断下令："发射！"

三发导弹发射过去之后，第三发导弹飞到 U-2 侦察机身边突然起爆，将敌机击落。

这一次打 U-2 侦察机，吴洪甫没有被安排在指挥车上，而是被分配在指挥部。他虽然因没能再一次画龙点睛，为击落 U-2 侦察机给岳振华营长下令提供决策口令感到有些遗憾，但二营众志成城，同仇敌忾，击落了第三架 U-2 侦察机，他和立功官兵们一样感到无比自豪。

驾驶这架 U-2 侦察机的飞行员是被称为头号王牌和"双料英雄"的李南屏。他和他的 U-2 侦察机这次被二营的导弹击落，他就没有叶长棣那么幸运了。这个 1931 年出生的陕西省汉中人，命丧长空，时年 33 岁。

吴洪甫说，通过这次打下第三架 U-2 侦察机，我对老营长岳振华的军事指挥才能更加佩服。本来，7 月 7 日这天，开始有一架 RF-101 小型侦察机老在我们阵地附近的海上"转悠"，高度只有 15000 米，有几次还飞到了我们导弹的射程之内，但岳营长沉着冷静，都没有下令打它。他是在等候捕捉更大的战机。所以等了两个多小时，终于等来了一条大鱼——U-2 侦察机。当时两架 U-2 侦察机中的一架在海上转悠，似乎在试探，另一架在沿海转悠。岳营长就说，注意海边那个绕弯的。结果，海边的这一架，转了一阵子，还真冲我们阵地上空来了。岳营长这才果断下令打掉它。打下一架 U-2 侦察机，比打掉一架 RF-101 的价值大多了。

至今，仍有一些专家和指挥员在研究岳振华的军事指挥艺术。他这人的大脑的确比一般人要灵敏、聪明得多。特别是打这种高科技的战斗，比的不是体力，而是智力、智慧，比的是一个指挥员卓越的才能。岳振华绝对是一位优秀的指挥员，他的模范表率风范，影响了二营的好几代人，当然也影响了我这大半辈子。

但是，岳营长非常谦虚。他说，打下了这四架敌机，不是我水平高，而是全营一杆枪，大家对我支持得好。是每个人在自己的岗位上干得好，任务执行得好。好钢用在了刀刃上。关键时刻拉得上，打得准。

吴洪甫说，打第三架 U-2 侦察机之前，连里给我配备了一个助手，也叫二号手，是一位 1963 年底从北京入伍的新兵，叫秦振池。他入伍时才十五六岁。配备助手的目的是让我带一下，如果我有别的事可以顶替我上岗，也为这个岗位培养一个接班人。在这之前，连里曾先后给我配了两个助手，让我带带，但我带了一段时间，这两个兵反应都不太敏捷，加上文化程度不高，有的技术程序教了好多遍，总也学不会。于是我就向连里汇报。连首长让这两个兵回原班里去了。但这个秦振池，别看年龄不大，也就 17 岁吧，既刻苦学习，又很聪明，反应挺灵敏。我带了他四个月，他就把我的这一套技术战法基本上掌握了。

他上机操作，我坐在他身后，他演练了好多遍，我觉得可以胜任了，又对他说，演习是演习，实战是实战，真上了战场，敌机来了，我不能陪在你身边，全靠你独立操作。你一定要沉住气，绝对不能慌，脑子里要绝对清醒，提供的数据要百分之百的准确。这样指挥员才能准确地发射导弹。这也叫千钧一发，一锤定音。你明白吗？他听了，虽然有些紧张，但还是连连点头。

我们到漳州后，全营众志成城，同仇敌忾，准备再打他一架 U-2，拿一个"三连冠"时，我想，如按照常规那就是我上，打下 U-2 来我可以再立个一等功。这种机会，在和平年代的部队里是不多的。特别是一等功，是很难立的。别的部队，有的官兵是在牺牲之后才立的一

等功，那还是追认的。

所以在准备打 U-2 时，我向领导提出来，这次上指挥车让秦振池上吧，让他锻炼锻炼。领导问我，他行吗？我说行，绝对没问题。领导同意之后，我又看着他演练了好多遍，很严肃地叮嘱他，上了战场，一定不要慌，既要大胆，又要认真。他连连点头。结果秦振池上了，准确地报出了杀伤数据，打下了 U-2，立了个一等功。

刚入伍不到一年，才 17 岁，就立了个一等功，这太牛了。

他当然高兴得不得了。

在打 U-2 时，我在指挥所里，听到岳振华营长发出发射的命令之后，再听到阵地上连续发出三声导弹发射的巨响，然后从窗口往天上望去，只见三个亮点儿朝高空飞去，在远远的高空处，有一片树叶大小、模模糊糊的黑色目标，然后三个亮点渐渐地接近了那片"黑树叶"，再然后亮点起爆，"黑树叶"开始往下掉，我就知道是打中了。

我和战友们顿时跳了起来，挥动着拳头大叫："打中了！打下来了！好啊！棒啊！"又是握手，又是拥抱。

打我退伍后，一直没见到秦振池。分别五十四年了，我很想念他。现在我在请老战友想办法找他，他比我小三四岁，也得七十四五岁了。

1964 年 7 月 7 日二营打下了第三架 U-2 侦察机。7 月 10 日，空军在漳州某军礼堂为二营举行祝捷庆功大会。二营官兵除了留下站岗守卫导弹的警卫战士，全体参加了大会。到会的领导人有国防部副部长、空军司令员刘亚楼上将，中共福建省委第一书记、福州军区政治委员叶飞上将，以及当地的党政军负责人，还有皮定均、徐深吉、王辉球中将，李世安少将等。

大会还有一项重要内容：国防部授予二营"英雄营"称号。

空军中将徐深吉宣布国防部授予二营"英雄营"称号的命令。

早在 6 月 6 日，中央军委就批准了空军党委的报告，决定授予二营"英雄营"称号，当时二营在内蒙古正紧张准备到福建机动设伏，进入福建后又严阵以待，没有抽出时间来举行命名大会。所以，祝捷大会和命名大会一起召开。这对二营是喜上加喜，双喜临门。

祝捷大会上，叶飞上将代表福建省委、省政府和福州部队授予二营锦旗一面，上面的大字是"高举毛泽东军事思想的伟大胜利"。

王辉球中将宣读了作战立功受奖的单位和人员名单，给二营记集体一等功。

刘亚楼上将代表国防部给提前晋升军衔的军官授衔。战斗英雄、副师长岳振华被提前晋升大校军衔。至此，全营荣立一等功的官兵已有 217 位，这是何等荣耀的一个数字啊！

导弹二营在漳州打下第三架 U-2 侦察机的战报传到中南海，毛主席得知这个消息后非常高兴，他问周恩来总理："这个部队驻在哪个地方？"

周恩来总理说，现驻在福建漳州。毛主席说，我想见见部队的全体同志。

以往，大都是国内有关单位召开英模代表等会议时，要求毛主席前去接见，先报告中央办公厅，由中央办公厅向毛主席汇报，经毛主席同意后，再安排日程接见。这次毛主席提出来要接见二营全体官兵，而且是成建制地接见，在我军历史上是比较少见的，新中国成立之后也绝无仅有。由此可见地空导弹二营在毛主席心中的位置和分量。

周恩来总理立即打电话告诉空军司令员刘亚楼："导弹二营战功卓著，毛主席想见见部队的全体官兵，请你们做好准备。"

7 月 13 日，二营奉上级命令大队人马返回北京，驻在大兴县礼贤镇军营待命。

7 月 22 日，在二营蹲点检查工作的四师政委贺芳齐，接到空军政委秘书打来的电话，要他带副师长岳振华、二营营长何方、政委赵琳到首长办公室接受任务。

贺芳齐政委一行四人来到首长的办公室，首长告诉他们，毛主席在

7月7日战报上批示，想看望二营全体官兵，又郑重地说："毛主席看了报告很高兴，做了重要批示，明天下午，毛主席要在人民大会堂接见二营全体官兵，暂时保密，回去传达时就说中央军委首长接见你们，组织部队做好准备。"

岳振华、何方和赵琳回到二营后，立即召开营和连队首长参加的会议，布置准备前去参加中央首长接见的任务。

一生最大的荣耀，接受毛主席接见，还和周总理握手

1964 年 7 月 22 日上午，营部传达紧急通知，明天上级首长要接见二营全体官兵，要求官兵们洗澡、理发、刮胡子，换上干干净净的军装，干部穿制式皮鞋，战士穿解放鞋，扎外腰带，前去北京城里接受接见。虽说在这之前吴洪甫已见到了来部队视察的三位元帅：聂荣臻、贺龙、徐向前，一位全国妇联主席蔡畅，空军司令员上将刘亚楼更是见过多次。但他和战友们一样非常兴奋。这时候他的胡子还没长出来，就去理了个发，穿上干净整洁的军装。

第二天一大早，吴洪甫和战友们发现军营大门外驶来了一辆军车，下来了几十名兄弟部队的官兵，接替二营的警卫战士守卫二营的营房。二营的全体官兵，包括炊事员，乘上十几辆军用卡车，朝北京城里开去。

车子开了一个多小时，进了位于东交民巷的空军招待所。下了车，休息了一阵子，吃了午饭，中午 1 点多，各连集合出了招待所大门，迈着整齐的步伐朝人民大会堂走去。

进了高大宽敞的人民大会堂，领队的首长这才告诉官兵们，今天下午是伟大领袖毛主席要接见导弹二营全体官兵。官兵们一听，顿时激动得要跳起来，高呼毛主席万岁。

首长又说："同志们要军容整齐，严格遵守纪律。"

吴洪甫只觉得心都快要跳出来了。自己当了四年半兵，参加了三

吴洪甫给孩子们讲述 1964 年和毛主席的合影

次打 U-2 侦察机，在第一线参与击落了两架，一次获提前晋衔，一次立一等功，今天又来接受毛主席的接见，这太荣幸了，太幸福了。

二营全体官兵和师部的科以上干部依次进入大厅，一个个走到照相的台阶上，吴洪甫被排在团体最左侧的位置。

过了一会儿，只见空军司令员刘亚楼来了，他叫岳振华过来，一块儿朝旁边的接待室走去。刘司令员是领着岳振华副师长去见毛主席的。只过了几分钟，只见身材高大魁梧的毛主席第一个从接待室内走了出来，他边走边朝二营官兵挥手致意，在他身后是周恩来总理、朱德委员长等党和国家、军队的领导人。官兵们大为惊喜，全场顿时沸腾了，官兵们热烈鼓掌，高呼："毛主席好！毛主席万岁！"

周总理也朝官兵们招手，当他走到吴洪甫身边时，挥动的右手放下来。吴洪甫稍犹豫了一下，紧紧地握住了周总理的手。周总理的大手特别温暖。

毛主席边走边朝二营官兵们招手，在他走到队列中间前面的位置时站住了，又朝官兵们挥手。

本来副师长、老营长岳振华等营首长是安排站在第一排毛主席坐的椅子后面的位置的。因第一排的椅子还有几个空位子，组织者就让岳振华等营首长坐到第一排的椅子上去了。这样二连副连长刘明就站到了岳振华原来的位置。这位参加过抗美援朝的老战士激动得不得了。在毛主席接见之前，刘亚楼司令员给刘明交代了一个重要任务，那就是毛主席走过来之后，刘明把毛主席坐的椅子往前挪出30厘米，这样毛主席就知道这是自己坐的椅子了。毛主席准备坐下去时，刘明要把椅子再挪回到原来的位置。这样，毛主席先坐下了，其他中央领导才好一一就座。

刘亚楼司令员对刘明风趣地说："你可一定把椅子放好了。要是摔了主席，我这个司令就当不成了！"

官兵们都笑了起来。

毛主席、周总理、朱德委员长等中央领导人坐下来之后，摄影师用转动的相机拍摄了大合影。

毛主席站起来，再一次向官兵们招手致意，官兵们热烈鼓掌，欢呼："毛主席万岁！"

在大厅的另一旁还有几百人在等候毛主席和中央领导人的接见。毛主席去接见了那一批人员，合了影，又回到二营官兵前边再次向二营官兵招手致意。

毛主席、周总理、朱德委员长等中央领导人离开了，二营官兵排着队，出了人民大会堂，返回位于东交民巷的空军招待所。因刘明副连长跟毛主席握了手，队伍刚一解散，官兵们立刻把他包围了，争先恐后地跟他握手。因吴洪甫是唯一的一个跟周总理握过手的战士，官兵们也把吴洪甫包围了，争先恐后地跟他握手。

吴洪甫回到营房，珍惜得三天没有洗手，到了第四天才恋恋不舍地把手洗了。

晚饭是在空军招待所的大厅里吃的，桌子上饭菜十分丰盛；每个桌子上还有一瓶茅台酒，一瓶酒倒在八个小杯子里，每人一杯。这时，周总理在刘亚楼司令员等部队首长的陪同下，走进了大餐厅。官兵全体起立，朝周总理热烈鼓掌。周总理对官兵们说，同志们吃好！吃饱！然后转身离开了。

官兵们又是一阵热烈鼓掌。

一位首长举起酒杯，对二营全体官兵说："这酒是庆功酒，也是向毛主席、党中央表决心的酒！希望二营官兵们打下更多的敌机，为保卫伟大的祖国立下更多的战功！"

官兵们热烈鼓掌。

那一次，是吴洪甫第一次喝茅台酒，只觉得那酒实在是太甜了，太香了！

在返回营区的卡车上，官兵依然心潮澎湃，兴奋不已。

一位战士提议："我们唱一支《打靶归来》，唱到夸咱们枪法数第一时，要唱成夸咱们弹法数第一，记住了吗？"

于是，嘹亮的歌声响起来了：

日落西山红霞飞，
战士打靶把营归，把营归。
胸前红花映彩霞，
愉快的歌声满天飞。
咪唆啦咪唆，啦唆咪哆唻，
愉快的歌声满天飞！

歌声飞到北京去，
毛主席听了心欢喜。
夸咱们歌儿唱的好，
夸咱们弹法数第一！
咪唆啦咪唆，啦唆咪哆唻，
夸咱们弹法数第一！

一、二、三——四！

的确，二营的"弹法"绝对是威震长空，绝对是数第一的。

打下了U-2侦察机，是一件特大的喜事，立功受奖，被授予"英雄营"称号是第二件大喜事，接受毛主席接见更是特大喜事。

回到营房，官兵们都很想写信，把这三大喜事告诉家中的亲人和父老乡亲。但大家都明白，按照保密纪律，这是不允许的。于是大家就写日记、写决心书。

吴洪甫也想给父母和未婚妻刘慧文写信，告诉他们，今天，我是世界上最幸福的人！我和战友们受到了毛主席的接见。我这样一个普普通通的战士，还和敬爱的周总理握了手！

吴洪甫在决心书中写道，今天是我长到23岁最幸福的日子。我和首长、战友们受到了伟大领袖毛主席的接见，我还和敬爱的周总理握了手。这个日子我一辈子都不会忘记。我要好好学习毛主席著作，坚决地听党的话，服从命令，听从指挥，加倍苦练杀敌本领。以后不管它U-2来多少架，就是他再来U-3、U-4，我们也坚决把它打下来，打它个粉身碎骨，毫不留情！祖国的万里蓝天，只允许我们的战鹰、银燕自由飞翔，绝对不允许侵略者的"黑老鸹"进来捣乱！

官兵们写的决心书贴在了连队的墙报上。官兵们还用鹅卵石和水泥在营区制作了许多大字标语。营区大门口迎门的墙壁上是"提高警惕，保卫祖国"；导弹发射架机窝旁边是"团结紧张，严肃活泼"。

过了半年，二营官兵每人得到了一张和毛主席、周总理、朱老总合影的大照片。照片上方的字是：毛主席同党和国家其他领导接见英雄部队全体指战员合影 1964.7.23。官兵们高兴极了。

7月23日从此就成为二营永久的光荣纪念日。每逢这一天，二营官兵都要举行隆重的庆祝活动，组织文艺晚会、出墙报等，进行革命传统教育，激励官兵们珍惜崇高的荣誉，发扬光荣传统，不断取得新的胜利。

定的娃娃亲，十三年后才第一次见面

　　1951 年，吴洪甫 10 岁时，家中父母经人介绍，给他和冶村的 12 岁女孩刘慧文定了娃娃亲。

　　冶村在槐窝村西边，离槐窝村十几里。但定娃娃亲时，两个孩子没见面，之后也没见面。再之后，吴洪甫上了件只乡中学，刘慧文上了县一中。因农村当时传统观念还比较重，两个人虽只相隔十几里也没见面。吴洪甫当兵时，刘慧文也没有"送郎参军"。吴洪甫到了部队，给刘慧文写信，刘慧文回信就鼓励他在部队好好学习，吃苦耐劳，当一名好战士。刘慧文是共青团员，后来参加了公社里的工作队，吴洪甫也写信鼓励她，不要怕困难，大胆工作。到了 1962 年，刘慧文给吴洪甫寄了一张小照片，吴洪甫才第一次看到了刘慧文的芳容。每年两个人也就通几次信，但觉得心却贴得很近。直到 1964 年 8 月，当了四年多兵的吴洪甫，第一次回家探亲，也就是毛主席接见二营官兵之后，才第一次回家探亲。他骑上自行车去了岳父、岳母家，第一次见到了思念多年的未婚妻。

　　吴洪甫说，以前有首歌《十五的月亮》中唱的"军功章上有我的一半，也有你的一半"。我做出的这些成绩，有一大半归功于我的老伴。

退伍回乡，担任村民兵连长和团支部书记

当了五年多兵，四下大西北，六下江南，二上内蒙古，跑了大半个中国。1965年2月，也就是春节过后，服役期满的吴洪甫要退伍了。

临离队之前，副师长、老营长岳振华给他们即将退伍的战士们讲了一次话。

岳营长说："同志们、老战友们，你们在导弹二营几年，学政治，学军事，学技术，学文化，苦练杀敌本领，转战大西北、内蒙古、江西、湖南、福建，参加了多次艰苦的训练，参加了多次击落敌机的战斗，为祖国，为人民，为人民军队立下了战功，本人也锻炼成了一名坚强的合格的革命战士。现在你们要回到故乡了，希望你们回到地方之后，发扬革命传统，争取更大光荣，为地方的建设事业发挥更大的作用，再立新功，并以一个退伍军人的行动影响和带动更多的人。你们都很年轻，以后的路还很长，前程还很远大。希望你们永远不要忘了自己曾经是一名空军战士，一名导弹营的战士。在这里，我有一点再给你们强调一下，那就是要严格严守保密纪律。回到地方后，可以讲在部队的一般生活情况，但不能对任何人讲我们部队是干什么的，更不能讲我们击落敌机的经过。同志们，能不能做到？"

老兵们齐声回答："能！"

岳营长又说："还有一点，回去后要服从组织分配，不安排（工作）

不能闹，不能向政府提特殊的要求。当地政府怎么安排就怎么服从。"他看了看吴洪甫，问："小吴能不能做到？"

吴洪甫站起来，立正答道："能！保证做到！"

后来，吴洪甫把岳振华的这次要求总结为"两个不能"：一是不能泄露导弹部队的军事机密，二是不能向地方政府提特殊的要求。

吴洪甫临离开部队时，把陪伴了他五年的那支54式手枪重新擦了一遍，恋恋不舍地交给了连队。除了带上部队允许带的衣物，带回家的物品中，最珍贵最重要的就是毛主席、周总理、朱老总接见导弹二营的那张大合影了。

吴洪甫说，这张合影是我们导弹二营、我们空军的传家宝，也是我家的传家宝。

回到家，他把这张合影用镜框镶了起来，摆在了堂屋正中间。乡亲们和同学来看了，大为惊奇，说你太了不起了，太光荣了，竟然跟毛主席、周总理、朱老总合过影。又问，你们是为了什么事，立了什么功，毛主席能接见你们，跟你们合影？你们这个英雄部队到底立了啥战功？出了啥英雄？

吴洪甫只笑笑，不回答。

还有的问，你在部队是干啥的？

吴洪甫又笑笑，说当炊事员，做饭的。

这个秘密，他保守了三十七年。

回到家后还要办一件大事，那就是完成一件人生的大事——成家。古人说，先成家后立业。吴洪甫是先当了兵，建了个大业，立了大功，之后才成家的。他骑上自行车，去冶村接上未婚妻刘慧文，把她带到了槐窝村自己的家，就算结婚了。也没坐花轿，也没有举行结婚仪式，简简单单，喜事新办。吴洪甫作为家中兄妹七人中的老大，只和亲友们坐在一起吃了顿饭，喝了当地的白酒。父母也了了一个大心事。

吴洪甫对作者说，我这个老伴，人非常好，脾气非常好。我们结婚这五十多年，从来没吵过架。我脾气急，有时还爱发火，但老伴见我发火，总是笑笑。

1967 年，他们的大女儿出生，现有两个儿子。

1970 年，二女儿出生，现有两个女儿。

1973 年，儿子出生，现有两个女儿。

吴洪甫回村里不久，乡武装部就任命他为槐窝村的民兵连长。县武装部先是调他去邢台军分区参加培训，学习爆破和对空射击等技

吴洪甫和老伴刘慧文

战术。对于爆破，吴洪甫在部队还真没学过，他既感到很新鲜，学习得又很认真。这个爆破，学习如何安装炸药、引爆炸药，很重要。在训练民兵时，安全也非常重要，要严格谨慎，一丝不苟，严防发生事故。

从军分区学习回来，吴洪甫带领全村的 127 名基干民兵，其中持枪民兵排四十多人，就开始了训练。先学爆破、炸碉堡、炸土坦克、练习步枪射击。之后还夜间放云灯（孔明灯）练习对空射击。经过一个阶段的训练，这些土生土长的农村男女青年的技术、战术都有了很大的提高。

大家都夸，吴洪甫不愧是部队大学校里出来的，训练太内行了，太规范了。

　　吴洪甫当兵前在中学时参加学校的鼓乐队学过吹号，在训练民兵时派上了用场。吴洪甫吹集合号后，民兵连全体人员，不管是在地里干活的，还是在家里的，五分钟内可以到达集合地点。1968年，在邢台地区民兵连比武大会上，槐窝村民兵连获得拔尖的成绩，被评为全地区模范民兵连。邢台地区民兵连比武大会上有一个项目，是民兵们集合列队之后，由他向军分区司令员报告。吴洪甫想起在二营时，刘明连长在全营集合后，向营长报告的情况，在全县民兵团集合后，他跑步来到军分区司令员面前，立正、敬礼：报告司令员，广宗县民兵团现在整队完毕，应到××名，实到××名。请指示。司令员立正、还礼，说："请稍息。"又对广宗县人武部长说，你这个民兵连长报告很规范啊！

　　1966年，吴洪甫还担任了村治保会副主任。他坚持晚上带领民兵巡逻。槐窝村多年来治安情况一直很好。

　　村里党支部让团员召开大会，选举吴洪甫担任村团支部书记。当时全村有四十名团员。当民兵连长、团支部书记和治保会副主任没有任何报酬。团支部多数是晚上活动，学政治、学文化、学雷锋做好事，忙得吴洪甫经常顾不上家。家中的老人和孩子全靠妻子刘慧文照顾。

　　到了1966年，"文化大革命"就爆发了，不可避免地席卷了广宗县城，县里几个群众组织的派系斗争闹得挺厉害。一天，县里的一个造反组织的头头到槐窝村找到吴洪甫，说，你是退伍军人，民兵连长，又是团支部书记，有号召力、组织能力，你牵头也组织一个造反队组织，参加我们县里的大组织，先在本村乡里造反，再到县里、地区造反，行不行？

　　吴洪甫说，不行！那个活（事儿），我不干。

　　县里的造反派头头又找了他两次，他都是说不行，不干。

　　后来，县、乡的造反组织又两次企图到槐窝村来"点火""串联"，吴洪甫和乡亲们拦在村口，没让他们进村。

　　动乱闹了几年，槐窝村一直没有闹起来、乱起来。由于形势的影响，村里的村民也曾开会批判"当权派"村干部，但批判都是文斗，没有武斗；连文斗也算不上，只是群众批判村干部工作中说的一些错话，做的一些错事，没有一个打骂、体罚村干部，批完了也就让村干部回家了。

这个民兵连长、团支部书记、治保会副主任，吴洪甫干了十年。

这期间的1969年，上级在"深挖洞、广积粮、不称霸"的指示下，为了防御另一个超级大国放原子弹打核大战，要求各村挖防空洞。吴洪甫带领民兵们在村子周边挖了一条长达十几里的地道。挖地道是个力气活，同样是没有报酬的，只在生产队记工分。

1966年夏天，吴洪甫在县税务局应聘，帮助工作，包村收税。本村的一位二十多岁的年轻女子，因病重在县医院住院。当时医院的医疗条件很简陋，在这个女子吃的中药中，有一种鱼鳔买不到。乡亲找到吴洪甫，请他想想办法。吴洪甫经领导同意，用单位上的电话打了邻县的好几个医院和药店，终于问到任县一家中药店有这种药。吴洪甫骑上自行车去了130里处的任县，用自己的钱买了药（当时他每个月工资只有38元），又骑车连夜往回赶。赶回县城，天已亮了，他马不停蹄地把药送到了医院。

1970年到1972年，村里有一位喜欢京剧还会导演的琴师，组织村里爱好文艺的村民排练了现代京剧《沙家浜》，是全剧；还排练了《红灯记》选场。这位导演选中了吴洪甫的大妹妹饰演剧中的女一号阿庆嫂。吴洪甫的大妹妹刚20岁出头，扮相俊秀，嗓音清脆优美，学起戏来进步很快。导演又看上了吴洪甫，让他饰演剧中的花脸"忠义救国军"司令胡传魁。吴洪甫虽没有演过京剧，但在导演的指导下认真学习，很快就胜任了角色。戏排好之后，在本村和外村演了好多场，很受观众欢迎。

至今，村中的一些老人见了他还开玩笑叫他"胡司令""吴司令"，又唱："想当初，老子的队伍才开张……"

一个村能排演出一出《沙家浜》全剧来，也是很不容易了。

吴洪甫还有一个特长是打鼓，他在连队时就常和战友们敲锣打鼓。回到村里后，他带出了一支锣鼓队，多的时候有二十多个人。鼓锣镲钹，一应俱全，打起来很是带劲儿。经常是他打的鼓点太快，别人还跟不上。锣鼓队常在村民们庆祝节日、有红白喜事时前去演奏。年龄大了，吴洪甫才不亲自上阵了，但他带出的锣鼓队仍传承了下来。

唐山大地震：痛失亲人带民工前往支援

1976 年 7 月 28 日凌晨 3 时 42 分，唐山市丰南一带突然发生里氏 7.8 级地震，造成 242769 人死亡，16.4 万多人重伤。这次大地震，位列 20 世纪世界地震史死亡人数第二。

唐山大地震的消息传来，吴洪甫一家人顿时陷入了无比的牵挂之中。母亲更是不住地念叨着，老天爷保佑！老天爷保佑我的闺女啊！

当时通信条件很落后，根本无法知晓唐山大地震的具体情况。

原来，吴洪甫的大妹妹是綦村铁矿的职工，两年前被单位保送到唐山河北矿冶学院学习，已经毕业了。她和几个同学留在学校等待分配通知。大妹妹生死未卜，吴洪甫心烦意乱，坐立不安。他一次次来到村头上向远方张望，希望妹妹的身影能出现在村外的小路上。但是过了两天，传来的却是晴天霹雳般的噩耗。河北矿冶学院把电话打到了广宗县的有关单位，有关单位又把电话打到件只乡里，乡里派人给吴洪甫家送了信来：大妹妹在地震中遇难了。全家人顿时陷入了极度的悲痛之中，母亲痛失女儿几乎哭瞎了双眼。

吴洪甫准备立刻前去唐山，找到大妹妹的遗体，运回来安葬。

但乡里的干部告诉他，唐山你是进不去的，能进去的，只有被批准的医务人员和抢险救灾的解放军官兵。

大妹妹是属牛的，1949 年出生，这年 27 岁，还没有结婚。

只过了几天，乡里传下紧急通知，要槐窝村马上组织三十多人的抢险队，奔赴唐山参加挖河和施工，要求自带被褥、锅灶、粮食和工具。全县前去支援的民工有 2000 多人，全乡前去参加挖河的民工有 150 多人。

吴洪甫立即找到村干部，说，我去！

三十多个青壮年男子很快就组织起来了，乡领导指定由吴洪甫任槐窝村民工的领队。临走时，娘流着泪对他说，儿啊，你到了唐山，一定去找找你大妹妹，看看她，看看能不能把她带回家来啊。

吴洪甫他们用地排车、小推车拉上、推上锅灶、粮食、衣物，头戴草帽，在三伏炎炎的烈日下，先朝 80 公里外的衡水走去。

民工们走了两天才走到衡水火车站。从衡水火车站把地排车、小推车等工具用品装上火车，人员也上了火车，朝唐山驶去。

抵达唐山后，步行十几公里去灾区丰南工地。抢险救灾指挥部派吴洪甫他们这支民工队和广宗来的两千多名民工去挖清连甲河。

这一段河段，是为了疏浚清连甲河的一段新河段，即在平地上挖一条河道，把原来河的拐弯拉直。

挖河的活很苦。首先是天太热，正是三伏炎夏，不干活儿都还热得够呛，干一会儿就大汗淋漓。在河床位置把土挖出来，装到地排车上，岸上用电机牵引绳子，把地排车拉上去。有的地排车，要七八个人一起连拉带推推上去。

住在半地下的草苫子盖顶的棚子里，吃的是全国各地支援送来的蔬菜粮食做的简易的饭。吴洪甫因鼻子受过伤，肺部呼吸不畅，干得太累了，就憋得喘不上气来。坚持，为了唐山人民早日重建家园，坚持，一定要坚持下去！他这样对自己说，也这样鼓励本村的民工们。

干了几天，吴洪甫仍惦记着去看看遇难的大妹妹。这天，他请了半天假，步行二十多里来到了河北矿冶学院。眼前的学校是一片断壁残垣，妹妹遇难后埋到了什么地方呢？他在一片废墟中找到了一位五十多岁的老师傅。老师傅是在这里值班的。吴洪甫把来意告诉了他，老师傅长叹了一口气，领他来到一块残存的花坛前，对他说，你妹妹和她同宿舍的另外四个女同学都遇难了，就埋在这下边了。

吴洪甫难过地说不出话来。他流着泪问："老师傅，我想把我妹妹起出来，带回老家去安葬行不行？我妹妹的右前额上有块不大的伤疤，我能认出来的。"

老师傅又长叹了一口气，说："小伙子，这件事可办不到。地震后，你妹妹和她的四个女同学都被砸到塌下来的楼板下边了。五个女学生的身体都被砸坏了，救援人员把她们从废墟中挖出来后，已经分不清谁是谁了，就把她们一起埋到这个花坛下边了。"又说，"天这么热，路途这么远，你就是起出来，怎么能带回家呢？"

老师傅又说："这大地震早不来，晚不来，偏偏在早上3点多来了。这个时候绝大多数的人都在睡觉呢，你妹妹她们连返程回家的车票都买了，再有一个多小时就可以起床了，也是老天爷不长眼吧……"

吴洪甫大哭了一场，冲着埋葬大妹妹的地方说："妹妹，你太不幸了，这是天灾呀，你在这里安息吧。我总算找到你安息的地方了，我回家后给爹和娘说……"

吴洪甫在挖河工地上和民工们苦战了两个多月，提前完成了指挥部交给的任务，才返回了故乡。回到家乡时，天已比较凉了，是树叶飘落的秋天了。

大妹妹的不幸遇难，成了吴洪甫心中永远的痛。

去临城拉煤

　　1978年春天，吴洪甫37岁。这年春天，他和本村二十多岁的村民王玉庄要去170里处的临城煤矿拉煤。这时候，村民们买煤烧煤很困难，这煤还是因矿上有个老乡，托老乡给买的。吴洪甫花29.5元买了头灰色的小毛驴，和王玉庄带两辆地排车去临城煤矿。买上煤后，小毛驴拉着吴洪甫这车煤，不紧不慢地走着。王玉庄拉着地排车走。每车都装了1000多市斤煤。但往回走了十几里，王玉庄就崴了脚脖子，疼得走不动了。这前不着村后不着店的，怎么办呢？吴洪甫把牙一咬，把手一挥，你上车去！王玉庄还有些犹豫，我上去，你连煤带我一块儿拉着？吴洪甫说："那还有什么别的办法？"王玉庄只好上了车。吴洪甫拉起王玉庄的煤车和王玉庄，再吆喝着小毛驴拉的煤车，艰难地往家走。走了十几里，吴洪甫累得够呛。这才是叫天天不应，叫地地不灵，忍不住落下泪来。他停下车，坐在路边，喘息了一会儿，想想，流泪也得走，不流泪也得走，没有别的办法。于是，又咬紧牙关，拉起沉重的煤车往家走。走着走着，还唱了起来："向前向前向前！我们的队伍向太阳，脚踏着祖国的大地……"也是苦中找乐吧。

　　拉这一趟煤，往返三天，中途还在邢家湾的一个小店住了一夜。

　　当个面朝黄土背朝天的农民实在是太不容易了。

　　至今，六十多岁的王玉庄见了吴洪甫，还满心感激地说起去拉煤，吴洪甫还拉着他的事。

7 岁儿子受伤——"做人要多为别人着想"

因家中生活困难，吴洪甫的大女儿只上了两年小学，二女儿上到初中毕业。

1980 年 7 月，吴洪甫 7 岁的儿子在跟村里的小朋友玩耍时，一个小朋友无意中碰伤了他，伤得还挺重。伤人小朋友的家长送了些钱和粮食表示歉意。

那时候家家户户都不宽裕，有的村民就劝吴洪甫："孩子受了伤可是个大事。这还影响到孩子大了找媳妇呢，你得给伤人家的大人多要点儿医药费、补偿费。"

吴洪甫对儿子受了伤，也很心痛、很担心。但他想了想，对伤人孩子的家长说，你家孩子伤了我的孩子，不是有意的。你家过得很不宽裕，我也不要求你们家赔偿了。我们是乡亲，别为这事儿伤了和气。打那，吴洪甫一直没再要求对方给予赔偿。

他对作者说，做人，要多为别人着想。

儿子带着伤，艰难地上完了小学，上了初中学习成绩一直比较好。初中毕业之后，他本来已考上了高中，但他回到家，对吴洪甫说没有考上。又说，爹，我看家里挺困难的，我再上高中，每年还要花家里不少钱，我打工去。

就这样，16 岁的儿子去了建筑工地打工。儿子很有志气，他边打

工边自学了高中的课程，考上了西安建筑学院，学了三年，又边打工边考了建筑工程监理工程师的专业证书，后来到邢台市在建筑工地当监理。

　　吴洪甫每当想起儿子的这些事，就觉得挺亏欠儿子的。他去给机关学校做报告，总是挺内疚地说我不是个好丈夫、好父亲。

抢救珍贵合影

1982 年秋季，广宗连降大雨，槐窝村也同样遭受了暴风雨的袭击。这天，吴洪甫和青壮年男子们去村里抗洪排水去了。家中的土墙房子被上边的雨下边的积水浸泡，开裂了，倒塌了，妻子刘慧文首先想到的是吴洪甫的那张和毛主席、周总理、朱老总的大合影，那是吴洪甫最珍贵的宝贝。她不顾家中别的东西被洪水冲走，先去抢出了那个镶照片的镜框。她找了一件旧衣服，把照片包在了里边。洪水退下去之后，吴洪甫打开衣服，见照片的下半部分还是被水湿坏了，心疼不已。但他还是把照片晾干了，又小心翼翼地珍藏了起来。

吴洪甫家的房子被水冲塌了后，因无钱翻盖，全家搬到了邻居家，一住就是三年。

2014 年导弹二营举行庆祝毛主席接见导弹二营五十周年，吴洪甫被邀请前去参加。他得知一位老战友完好地保存着一张跟毛主席的合影，回到河北，用老战友的那张照片翻拍后，放大了一张。县民政局又帮他定做了个大镜框，镶起来摆在了家中客厅里。

为了生计去邯郸打工

到了 1986 年，吴洪甫 45 岁，这时他上有父母，下有三个孩子，全家七口人。因种地收入太少，家中生活实在太困难。他还有一个大心事，就是想挣点儿钱，重建一所房子。

经人介绍，他去了县城一家腐竹厂打工，每月工资 54 元。腐竹用黄豆制作，吴洪甫从来没干过。他虚心向技术人员学习，很快就掌握了制作腐竹的技术。这个厂共有二十八口大锅，制作的腐竹产品质量不错，销路也可以。吴洪甫学会了腐竹制作技术后，厂长见他当过兵，有文化，走南闯北见过大世面，接人待物也不打怵，就派他去搞销售。吴洪甫带上产品样品，先后去过河北、山西、天津、华北石油基地等好多地方，推销出去了不少产品。厂长见效益不错，提出要上一百口大锅扩大生产规模，吴洪甫劝道："根据现在市场的销售情况，厂里有二十八口锅可以了，不宜再上太大的规模。如果扩大规模，你最好先稳定一段时间生产，再考虑下一步怎么办。"但厂长不听劝，执意要上。

这期间，邯郸发电厂下属的劳服公司办了个腐竹厂，请吴洪甫去那里干，工资比在本县这个厂要高一些。吴洪甫去邯郸那个厂看了看，电厂腐竹厂生产腐竹，主要供全厂职工食用，及当福利发放。工资每月 78.6 元，加上奖金可以拿到 100 元。这在当时，收入就算可以了。虽说邯郸离家一百多公里，远了些，但还是同意了。

去邯郸要先坐汽车到邢台，在邢台再转车去邯郸。那时交通不方便，发车时间不准，去一趟要折腾一天，回家一趟也要折腾一天。

去了邯郸电厂腐竹厂不久，厂长见吴洪甫为人忠厚诚恳，信得过，派他去山西太原钢铁厂购买不锈钢板，给了他二十八天的期限。这不锈钢板是制作腐竹大锅用的。但这时不锈钢板是紧缺物资，供不应求，好多家用户都在太原钢铁厂排队。吴洪甫在太原等了二十六天，还没拿到货，急得吃不下饭，睡不好觉。有一天晚上，急得右侧脑袋上掉了一大片头发，真是"伍子胥过昭关，一夜鬓发白"。左思右想，他打听着找到了一位也姓吴的厂领导的家，对厂领导讲了本厂的需求困难，恳求厂领导给予大力支持。吴厂领导同意了他的要求，把第二天准备给另一个黑龙江省牡丹江厂家的不锈钢板给了他。数量正好一样，是 6 张钢板，3 吨。第二天下午，他提了货，从火车站发回了邯郸。吴洪甫回忆这件事，感慨地说，我在部队是个导弹兵，哪干过物资供销的事儿？也是精诚所至，金石为开吧。

吴洪甫还讲了一件他在广宗县腐竹厂时，出差到太原，做的一件助人为乐的事。跟他同住旅店一个房间的一个南宁人也是干销售的。这天晚上，那个南宁人从外边气急败坏地回来，说在公交车上让小偷把包里的钱都偷走了。他现在身无分文，回不去南宁了。又问吴洪甫能不能借给他点儿钱，并保证回去后一定把钱寄给吴洪甫。吴洪甫看他那个着急的样子，不像是假的，就说我带的钱也不多，而且我是在企业打工的，不是正式职工。我的任务还没完成，还要在太原住几天。又问，你坐车回去需要多少钱？南宁人说从太原回南宁路途比较远，路上我还要买点儿饭吃吧，你借我 100 元钱就行。又让吴洪甫给他留个姓名和地址。吴洪甫就给了他 100 元。这 100 元相当于吴洪甫两个月的工资。过了一段时间，那个南宁人倒是挺讲信用，把钱给吴洪甫寄回来了，还附了一封信，表示感谢，说吴洪甫是雪中送炭，河北人真是好。

人生最艰难的一段经历

1986 年到 2009 年的这二十三年，是吴洪甫 45 岁到 68 岁最艰难的一段经历。

先是 1986 年时，82 岁的父亲因患脑血栓病倒了，躺在床上生活不能自理。本来，这时吴洪甫在邯郸电厂腐竹厂打工的，家中只靠妻子照顾病重的父亲，还有年迈的母亲及三个年龄不大的孩子，负担太重，他只好辞了工作，回到家中，和妻子一起照顾家庭。之后，用打工挣的钱，盖了三间简单的房子。

父亲病倒四年后，也就是 1990 年，84 岁的母亲也病倒了。两个老人躺在床上，吃饭、吃药，擦洗身上，加上大小便，全要靠人照料。吴洪甫的弟弟妹妹也拿钱，也轮流值班照顾老人，但主要还是靠吴洪甫两口子。

俗话说，老大难，老大难。吴洪甫真正地感受到了当老大的难。

不只是照顾两位老人，昂贵的医疗费也压得他们喘不过气来。

1994 年，卧床八年的父亲在 90 岁上去世，1996 年卧床五年多的母亲在 89 岁时去世。送走了两位老人，妻子刘惠文积劳成疾，开始是两个膝关节疼痛，难以干家务活，到了 2003 年，发展到股骨头坏死，也躺到床上起不来了。不只生活不能自理，股骨头处异常疼痛，疼得叫爹叫娘，只说不想活了。刘慧文卧病在床时 57 岁，吴洪甫 55 岁。吴洪甫既要照顾妻子、孩子，还要下地劳动。最让他发愁的还是医药费。为了给老伴买药，他托一位乡亲做担保，到一家银行贷了400元，因还不上利息，十几年后连本带利息涨到了1670.36元，好不容易才还上了。

也有人对他说，刘慧文的这种病，可以做手术换股骨头。可那天价的医疗费谁做得起呢？虽然弟弟妹妹们都送来了钱给大嫂治病，亲戚和乡亲们也伸出了援助之手，但仍解决不了根本问题。

保守了三十七年的秘密

吴洪甫牢牢记住临退伍时岳振华老营长那"两个不能"的要求：一是不能泄露导弹部队的军事机密，二是不能向地方政府提特殊的要求。

刚退伍的那几年，有几个一块儿退伍的战士在县里、市里有关部门找了找，都安排了工作。有的去了工厂，有的去了事业单位，成了正式职工，拿上了固定的工资。但吴洪甫一直没有去找。

直到三十七年后 2002 年 2 月的一天，吴洪甫到件只乡驻地去赶集，在一个小书摊上发现了一本《世界军事》杂志。当过兵的本能使他拿起那本杂志来翻了一下，见里面有一篇介绍空军第一任司令员刘亚楼上将的文章《"雷公"刘亚楼》，这引起了他很大的兴趣。这是写我们老司令员的文章呢！太亲切了！当兵时，我见过这位空军的最高首长好几次呢。于是他把这本杂志买了下来，蹲在路边，迫不及待地看了起来。

读到下边一段时，他的心咚咚地跳起来了：

1964 年 7 月 7 日，我空军击落国民党 U-2 侦察机后，刘亚楼代表中央军委、国防部和空军首脑、首长专程从北京赴漳州参加祝捷大会……

再看下一页上的一段：

1964年7月7日，空军某部二营一举击落国民党空军头号王牌飞行员李南屏驾驶的U-2侦察机。刘亚楼将军……亲自向中央军委起草报告。

报告将二营新中国成立后四战四捷概括为：

1959年，第一仗是按苏联专家给我们的办法打的；1962年第二仗是一半一半，即有我们创造的一半了；1963年第三仗完全是我们自己创造的战法；1964年这一仗表明，地空导弹部队不但能在简单情况下作战，而且学会了在比较复杂的情况下作战。毛泽东阅后大喜，挥毫批曰："亚楼同志：此件看过，很好，向同志们致以祝贺。"

嗨嗨，这种绝密的军事机密这不是已经解密了吗？不只打U-2侦察机解密了，连具体的打法都解密了。自己一直住在这个信息封闭的槐窝村，竟然一点儿也不知道呢。

兴奋了一阵子，他有了一个念头，我得把自己参加打下两架美蒋U-2侦察机的事和自己晋衔立一等功的事，还有因为英雄二营打下了RB-57D和三架U-2侦察机，才受到毛主席、周总理、朱老总接见的事，告诉妻子、孩子、弟弟、妹妹，告诉乡亲们，让他们也分享一下我和我部队的荣耀。

他先把上述的事情告诉了妻子，妻子听了自然为他高兴。说："你这些年跟电影上那些做地下工作的似的。我也一直在猜，你在部队上干的是很重要的事，要不怎么那么保密！"

但对于要告诉村干部和乡亲们，他却犹豫起来了。自己的退伍证、立功喜报等物品在洪水中被冲走了。自己要对乡亲们说打过U-2侦察机立过一等功，手中没有任何证据。空口一说，乡亲们能相信吗？说不定有人还会说你瞎吹牛呢？不行，我得找证据去。

他骑上自行车跑了二十多公里，来到县民政局，讲了自己的来意。

民政局分管人员听了，瞅瞅这个被太阳晒成古铜色皮肤的老人，也有些半信半疑。这个农村老大爷竟然是个英雄部队的战斗英雄，他当年，能在导弹指挥车上准确无误地标出敌机的位置，给指挥员提供下达发射导弹的决心？这导弹可不是一般人能掌握得了的尖端武器。

吴洪甫说："我不是来要待遇的，我就是来查查我的档案，让档案证明我当年参加打 U-2 侦察机和提前晋衔立一等功的事。"

县民政局的工作人员说，退役军人的档案都在人武部，吴洪甫又去了人武部。

人武部的工作人员说："全县的退役军人有七千多人，也就有七千多份档案，一时半会儿找不出来。我们抓紧给你找，你先回去吧。"

吴洪甫第二天又来到人武部，问档案找到了没有。

人武部工作人员说没有。

第三天、第四天，吴洪甫每天都到人武部，工作人员都说没有找到。

这就奇怪了。

吴洪甫有点儿急了："那你们把我的档案弄到哪里去了？"

人武部的工作人员说："大叔您不要着急。要不，您去找您的老部队，让他们再给你补一个档案。"

吴洪甫说："不行，你们还是给我找吧！"

到了第五天，吴洪甫又去人武部，工作人员说找到了，是在老红军、老八路军战士的那一类档案中找到的。编号 57 号。是工作人员归类时把档案放错了，还一个劲儿地道歉。

吴洪甫把手一挥："先别道歉了，先打开档案袋看看，我到底是个干啥的！"

档案袋打开了，在一张《立功登记表》的"战斗中的主要事迹"一栏中写着：

　　该同志平时认真操作，勤学苦练，因此一听到距合值和方
　位，就知道航路捷径，远线和近线。此次战斗（中）操作准确，

迅速标出航路捷径，保证了指挥员下达命令。

在"给什么奖励"一栏中写着：

同意晋升军衔，由中士晋为上士

营党委会 1962.9（盖章）

里边的一个仍很新的塑料封皮的退伍证，上面清清楚楚地写着：

提前晋衔壹次　一等功壹次

工作人员说，大叔您太了不起了！

吴洪甫长长地出了一口气。这一年，他已经 61 岁了。

县民政局的领导听说了这件事，急忙来见吴洪甫，说："吴老，您太了不起了！您当了三十七年的无名英雄啊，您是我们广宗、我们邢台、我们河北人民的骄傲啊！"

县民政局把吴洪甫的先进事迹向县委、县政府领导做了汇报，又告诉了县委宣传部。宣传部的领导和县电视台的记者，到吴洪甫家对他进行了采访，全县人民很快从电视新闻中看到了已是白发苍苍却精神矍铄的吴洪甫，知道了槐窝村还有这么一位英雄老兵。

在宣传吴洪甫作战的功绩的同时，宣传机关和媒体从吴洪甫的乡亲那里，又了解到了他回乡这几十年在农村建设中做出的许多先进事迹，对他更加敬重，感到对他更应该宣传和表彰。

之后，县委宣传部又请《邢台日报》《燕赵都市报》和邢台电视台、河北电视台相继对吴洪甫的事迹进行了报道，知道他的人就更多了。

再之后，中央电视台来采访了他好几次。

有不少机关、学校、部队来请吴洪甫去做革命传统教育的报告，他的报告感动了许多的人。

在这之前，吴洪甫退役三十七年，没有任何优抚待遇。县民政局根据他的伤情和有关文件规定，为他落实了优抚待遇。钱虽不多，但也是对一位老兵的一点儿安慰吧。

吴洪甫出了名之后，这位老人的心情一直很平静。他说，当兵保家卫国，是每一个中国青年的神圣职责。在部队吃了些苦，做出了一些贡献，是应该的。是部队首长把我放在了那样一个重要的岗位上，我才发挥出了重要的作用。换了别的战友，他在那个岗位上同样也能发挥出重要的作用。

他说，我非常感谢部队和部队首长对我的培养，非常感谢战友们对我的帮助。我当了五年兵，一点儿都不亏。不但不亏，而且收获很大。当那五年导弹兵，是我一生最宝贵的财富。我虽然只是中国的一个最普通的老农民，但我更是一个老兵，我要把部队的光荣传统永远发扬光大！

他还说，现在，我平时说话、做事，都前思后想。什么话该说，什么话不该说；什么事该做，什么事不能做。一点儿都不能马虎。我要把荣誉当作是对自己的鞭策。

2013年，村里开始推广土地流转。村里的好多村民对这事心里没底，持观望态度。吴洪甫了解了这件事符合政策，对村民有好处，就带头报了名。他一报名，好多村民也都报了。几年下来，流转的土地上种的黄桃、盘桃收获了，村民们也有了收益。

2015年，邢台市委书记、广宗县委书记来看望吴洪甫时，看他家的房子实在是太破旧了，经与有关单位研究，县里决定为这位老英雄重建一座房子。新房设在村西头路北。新房建起来后，吴洪甫选了一幅图案制成瓷砖画贴在了他家迎门的影壁墙上。图案上，左边是身穿深蓝色大衣和制服向前招手的毛泽东主席，右边下方是曲折逶迤的万里长城，右上方是毛主席那首气壮山河的词《沁园春·雪》。吴洪甫指着那首词对作者说，毛主席的这首词写得太好了，毛主席的字写得也太好了，我非常喜欢。"俱往矣，数风流人物，还看今朝。"你看写得多好！

大门两边的对联和门上方的横批，也是吴洪甫拟的。

上联是：不忘初心跟党走。

下联是：牢记使命立新功。

横批是四个大字：绝对忠诚。

堂屋正中悬挂着一位自谦署名"72岁新兵世明"的书法家的大字书法："中华英雄，老兵之魂。"

右侧题写："当兵能打胜仗，退伍本色做人。"

还有一幅大字书法："仰不愧天，俯不怍地。"

作者问："这位老兵书法家是哪里人？"

吴洪甫说："江苏徐州的。"

作者问："他来过您家吗？"

吴洪甫摇摇头，说："没有。是他从报纸上看到我的情况，写了书法作品寄来的。"

另有一幅正楷书法作品，是毛泽东主席写于1963年1月9日的《满江红·和郭沫若同志》：

小小寰球，

有几个苍蝇碰壁。

嗡嗡叫，

几声凄厉，

几声抽泣。

蚂蚁缘槐夸大国，

蚍蜉撼树谈何易。

正西风落叶下长安，

飞鸣镝。

多少事，

从来急；

天地转，

光阴迫。

一万年太久，

只争朝夕。

四海翻腾云水怒，

五洲震荡风雷激。

要扫除一切害人虫，

全无敌。

　　1962 年秋天，毛主席在接见岳振华时曾问：导弹发射时声音大不大？岳振华回答：大，声音大得像打雷一样。毛主席会意地点了点头。当时岳振华以为毛主席只是饶有兴趣地随便问问，然而时隔一年后，毛主席的这首大气磅礴、寓意深长、耐人寻味的诗作发表了。地空导弹二营官兵在学习领会、研读、赏析时，反复诵读着其中的两句，即"正西风落叶下长安，飞鸣镝""要扫除一切害人虫，全无敌"。总觉得这是毛主席在暗喻和赞赏我们的导弹兵，并指示我们要歼灭一切来犯之敌。

　　吴洪甫平时关心国家大事，关注国际风云的变幻。村里的好几个老伙伴，都爱听他讲国内外大事和军事上的事。中央电视台转播的国庆五十周年、六十周年大阅兵，庆祝抗日战争胜利七十周年大阅兵，他都看了，而且特别注意看我军装备的新型导弹。他为我军装备的飞速发展而振奋，为威武雄壮的三军检阅部队叫好。

意外之喜，治好鼻伤

吴洪甫 1961 年在大西北戈壁滩上碰伤了鼻子，右边鼻孔不通气，几十年来，一直靠左边鼻孔呼吸，这个毛病困扰了他几十年。每当干活累了时，呼吸就困难。有一回他打电话咨询北京一家大医院的专家，专家也说没什么好办法。

2005 年，县民政局副局长陈振忠、工作人员宋会曼陪吴洪甫去石家庄大医院查体。医生通过胸透拍片，发现他的双侧肺上有一大片阴影。经询问和分析，就是因右边鼻孔多年不通引起肺部呼吸不畅造成的。医生为他做了两次鼻孔扩张手术，但都没有成功。后来，吴洪甫找到一家民营医院，买了他的药，吃了一个疗程，鼻孔渐渐地通气了，但之后又不通了。

2006 年，吴洪甫觉得鼻子不得劲儿。到了县医院，医生刘金琢给他检查后，诊断是里边长了一块息肉，要动手术。在动手术时，刘医生发现吴洪甫右边鼻子里还有一块息肉，就是这一块堵住了鼻孔才不通气了。这也是 1961 年冬季吴洪甫在大西北戈壁滩上摔伤后形成的，已经堵了四十五年。刘医生说，吴老，我给你把这一块息肉也切下来，您的鼻子就通气儿了，怎么样？吴洪甫说，那太好了。刘医生就让护士又给需要手术处打了麻药，但动手术时仍很痛。刘医生就让护士按住他的双手，说吴老，再坚持几分钟，手术就完成了。吴洪甫咬紧牙关，

坚持着，但全身还是出了大汗。手术做完后，用药棉堵上。过了五天，医生取出药棉，哎，鼻子通气了。吴洪甫非常兴奋，说刘医生你真是神医，一刀就解决了困扰我几十年的病症。他找人制作了一面锦旗，上面是他拟的话："古有喜来乐，今有刘金琢。"去县医院送给了刘医生。

刘医生谦虚地说："吴老，不敢当，不敢当；应该的，应该的。"

现在吴洪甫的呼吸仍有些费劲儿，每天还要吃两片扩张气管的药。

宽 容 待 人

吴洪甫的对人宽容，有一件小事可以说明。

2006 年夏季的一天，吴洪甫开着自家的一辆小三轮电动车去地里干活，把车停在了路边。过了一阵子，有一个二十多岁的女子骑着辆四轮电动代步车过来了。因不小心，女子的电动车一下子撞到了吴洪甫的那辆三轮车的后边，把车的后面、前边都撞坏了。女子下了车，一个劲儿地道歉，又说自己在县城某个单位上班，要赔偿吴洪甫车的损失："大爷，需要多少钱，你说个数。"吴洪甫摆摆手："不用你管了，你走吧！"女子仍说："大爷，真的，修车需要花多少钱，我给你。"吴洪甫说："孩子，说了不要你赔就是不要赔，不要含糊。这车呀，旧的不去，新的不来。你走吧。"女子又问："大爷你是哪个村的，叫啥名字？"吴洪甫又摆摆手："嗨，叫你不要问了，你上班去吧。"女子走后，一个乡亲说他："她在单位上班，有工资，干吗不让她赔呢？"吴洪甫说："嗨，我这车已经旧了，再让人家造成损失干啥？"

乡亲夸他说，老兵就是老兵啊！

政府给老伴治好了病

报纸上关于吴洪甫的报道中写到了他老伴刘慧文患股骨头坏死，几年卧病在床的情况，引起了几家医院的关注。保定一家民营德伦医院的院长，是一位退役军人，他派了医务人员上门为刘慧文诊断，准备免费为她做手术，还留下了营养费。

这时，广宗县和邢台市民政局、河北省民政厅的负责人也在积极地为刘慧文联系就诊。经多次紧急研究，由河北省慈善总会牵头并出医疗费，联系河北省优抚医院来做这个手术。2009 年 8 月的一天，河北省优抚医院到槐窝村来了三辆车，一辆救护车运送病人，一辆车上是医护人员，另一辆车上拉的是医疗设备。车子把吴洪甫老两口接到位于省会石家庄的河北省优抚医院，先给刘慧文做了全面检查，又请医术最高明的专家医生主刀，请省三院的专家担任麻醉师，要求使用最先进的医疗器材。医院院长在现场盯着，要求手术一定要做好，做了手术一是不准疼，二是做了不留后遗症。

手术做得很顺利，很成功。刘慧文住了几天院，医院派车把吴洪甫老两口送回家。刘慧文能正常走路，做家务活，而且手术处不疼。

吴洪甫老两口满心感激。吴洪甫自拟了两句词"关爱功臣献爱心，军民团结如一人"，制作了一面锦旗，在广宗县民政局副局长陈国富、工作人员宋会曼的陪同下，专程前去送给了河北省优抚医院。

重回英雄二营

2014 年 7 月，地空导弹二营举行庆祝毛泽东主席等中央领导人接见二营全体官兵五十周年，庆祝国防部命名二营"英雄营"五十周年，即"双五十周年"，邀请二营的老首长、老战士前去参加。吴洪甫兴致勃勃地去了。许多老战友近五十年没见面了，这次一见，非常亲切。

年轻的战士们高唱起雄壮威武的《"英雄营"营歌》：

　　雷达望长空，
　　导弹刺云天。
　　像锋利的钢刀，
　　像离弦的银箭。
　　英雄二营奋勇作战，
　　英雄二营奋勇作战。
　　五进西北逞英豪，
　　六下江南奇功建。
　　英雄的军营英雄的兵，
　　捍卫蓝天重任担在肩。

　　雷达望长空，

2014年吴洪甫回老部队英雄二营

导弹刺云天。
像惊天的霹雳，
像刺空的闪电。
英雄二营奋勇作战，
英雄二营奋勇作战。
辉煌战果惊四海，
六战五捷英名传。
英雄的军营英雄的兵，
捍卫蓝天重任担在肩。

前进，英雄二营，
前进，英雄二营，
发扬传统，争取光荣，
英雄二营奋勇前进，奋勇前进！

在老战友聚会的晚会上，二营官兵演出了一个反映吴洪甫先进事迹的情景剧《忠诚》。开始演这个剧时，吴洪甫还不知道是演自己。剧中演一位参加打下 U-2 侦察机荣立战功的老兵，回乡后保守机密三十七年，在农村勤勤恳恳劳作，本本分分做人。演了几分钟，吴洪甫才明白，这是演我呢。不知二营年轻的官兵是怎么知道了我的事。

节目演完，主持人说："下面，请剧中主人公的原型吴洪甫老前辈到台上来！"

在热烈的掌声中，吴洪甫走上了舞台。女主持人问他："吴老，回乡后保守军事机密三十七年，请问您为什么能够做到？"

吴洪甫爽朗地答道："因为我是人民空军地导二营的战士！是毛主席的战士！"

全场新老官兵报以热烈的掌声。

只是有不少老首长、老战友去世了。新老官兵对已故去的二营老首长、老兵表示深切的悼念和怀念。

相关资料：

从 1959 年 10 月 7 日地空导弹二营打下第一架美制蒋帮的 RB-57D 型高空侦察机，到 1969 年地空导弹第六营打下最后一架美制无人驾驶高空侦察机，是整整十个年头。之后，U-2 高空侦察机针对中国大陆的侦察飞行也就悄悄地停止了。

在这十年里，我军年轻的地空导弹兵在祖国大地上南征北战，东征西伐，先后共有十六个营次参加战斗，打了十五仗，发射导弹 48 发，击落美制的各型有人、无人高空侦察机 9 架。其中英雄二营打掉了 5 架，其中有 3 架是 U-2 高空侦察机，成为世界防空史上击落 U-2 侦察机最多的部队。

1959 年，岳振华率二营官兵击落了 RB-57D 美蒋侦察机，成为世

界上第一个用地空导弹击落敌机的指挥员。之后又率部连续击落 3 架 U-2 侦察机。正因为创造出如此辉煌的战绩，使他成为新中国成立后，国土防空战斗中最具影响力的功臣之一。他先后四次受到毛泽东主席亲切接见，并受到刘少奇、周恩来、朱德等党和国家领导人多次接见。毛主席还两次请他到家中做客，并有两位元帅参加。1963 年 12 月 26 日，国防部授予他"空军战斗英雄"荣誉称号。1964 年 6 月 6 日，国防部授予地空导弹二营"英雄营"荣誉称号。朱德、刘伯承、贺龙、徐向前、聂荣臻元帅等军队高级将领先后到二营视察。七年中，岳振华的军衔连续晋升三级，由少校晋升为大校。1965 年 6 月，岳振华任空军独立四师师长，后任北京军区空军副参谋长。2013 年 10 月 31 日 6 时在北京军区总医院逝世，享年 87 岁。

陈辉亭，山东青岛人，1950 年 10 月参军，1952 年 4 月随团赴朝鲜参战。1959 年底，调入刚组建的地空导弹二营，先后任营部作训参谋、营指挥连连长、营参谋长、副营长。参加了二营十年机动作战六次战斗的全过程。曾亲自指挥击落美无人驾驶高空侦察机 1 架。荣立一等功三次，二等功两次。1970 年任地空导弹某师参谋长，1977 年任地空导弹某师师长，1983 年任地空导弹学院副院长，1985 年任空军副参谋长，1988 年被授予少将军衔。

获得"最美退役军人"光荣称号

2011年7月，吴洪甫被广宗县文明办评为"广宗好人"。

2012年4月17日，广宗县件只乡党委聘请吴洪甫为爱国主义教育宣传员。

2012年8月，吴洪甫被河北省邢台市精神文明建设委员会评为"邢台十大好人"荣誉称号。

2018年10月16日下午，天津海天公益组织一

中共中央宣传部、退役军人事务部给吴洪甫颁发的"最美退役军人"证书

行十五人，在董事长带领下，各部门高管分别从天津、唐山、保定等地赶到吴洪甫家，对老英雄表示慰问，并请老人讲述当年地空导弹二营打 U-2 侦察机的战斗故事。

2018年11月，吴洪甫被中共中央宣传部、国家退役军人事务部评为"最美退役军人"。这次被评为"最美退役军人"的老兵共二十人，他们是全国 5700 万退役军人的杰出代表和骄傲。吴洪甫是这二十位"最

吴洪甫在人民大会堂前

美退役军人"中年龄最大的一位,也是唯一的一位农民。

11月10日,颁奖典礼在北京人民大会堂举行,由中央电视台1套节目在黄金时间播出。

这是吴洪甫自1964年7月23日和二营全体官兵在人民大会堂接受毛主席、周总理、朱德委员长接见五十四年后,第二次来到人民大会堂,只觉得又亲切又激动。当时自己还是个23岁的年轻战士,如今已是个白发苍苍的老人了。

中共中央政治局委员、国务院副总理孙春兰在接见吴洪甫时,紧紧握住他的手,说:"您好吴老!您辛苦了!向您学习!"

吴洪甫连声说:"谢谢!谢谢!"

中央电视台举行颁奖典礼之后,退役军人事务部组织"最美退役军人"在北京分别举行了事迹报告会。吴洪甫朴实真诚的报告受到听众们的热情欢迎和好评。

之后,组织者准备组织"最美退役军人"们分头到全国各地巡回报告。吴洪甫听说后,主动找到组织者,说,我年龄大了,快80岁了。这外出巡回报告又坐汽车、火车,又坐飞机的,大家还得照顾我。为

中央电视台"最美退役军人"发布仪式

了不给大家添麻烦，巡回报告我就不参加了吧。组织者同意了他的要求。

河北省退役军人事务厅副厅长程晓辉全程陪同吴洪甫在北京参加活动。

2018年11月18日，吴洪甫在河北省精神文明建设委员会组织评选的"时代新人·河北好人"活动中，光荣入选"河北好人榜"（全省共二十位）。

2019年1月，吴洪甫被河北省委、省政府、河北省军区授予"河北省优秀退役军人"称号，参加了河北省委、省政府、省军区举行的优秀退役军人和退役军人管理服务工作先进单位、先进个人表彰大会。

开会前，河北省委书记王东峰，省委副书记、省长许勤，国家退役军人事务部副部长、中央军委政治工作部主任助理、少将方永祥在会客厅接见了吴洪甫，对他做出的贡献给予热情鼓励，并关切地询问他和老伴的身体、生活情况，以及市、县有关单位对他的照顾情况。

在河北省委、省政府、省军区领导和全体受表彰的人员合影时，

吴洪甫被安排在了河北省委书记王东峰和河北省委副书记、省长许勤中间。

河北省退役军人事务厅等单位对吴洪甫给予了很大的关注和关心，2019年春节期间，河北省退役军人事务厅副厅长程晓辉、省厅优抚处处长蒲晓春、邢台市退役军人事务局党组书记、局长李同修和广宗县副县长孙郡等来到吴洪甫家，向老英雄表示亲切慰问。

2019年5月9日，吴洪甫被河北省邢台军分区聘请为特邀讲师。

2019年5月，吴洪甫家庭在中华全国妇女联合会组织的寻找"最美家庭"活动中，被推选为2019年度全国"最美家庭"。

2019年7月3日，作者第三次到广宗采访吴洪甫时，从广宗县退役军人事务局得知，吴洪甫应邀参加北京国庆七十周年大阅兵观礼。

2019年10月1日，吴洪甫和河北省的三位老战士代表、两位老民兵代表，参加了北京国庆七十周年大阅兵观礼，并乘坐致敬车，和受阅部队通过长安街。这不仅是老兵吴洪甫的荣耀，也是全体退役军人的荣耀。

碰上的奇怪事

2018 年 11 月，吴洪甫去北京参加"最美退役军人"颁奖会，到二十一世纪大饭店报到，准备到会议室里开会，接受国家退役军人事务部副部长、中央军委政治工作部主任助理、少将方永祥的接见时，也有几个穿戴华丽的女人在办理入住。当她们得知吴洪甫他们这些老兵是来参加颁奖会时，一个中年女人撇撇嘴，对另一个女同伴说，这一个个都是大傻帽儿。

吴洪甫说，听了这话，我心里虽然不舒服，但忍住了，没吭声。让她们说去就是了，她们怎么说，我还是我。

吴洪甫出了名之后，还遇到过一些奇怪的事。有一天他接到了一个陌生男子打来的电话，对方说："吴叔，我是您老战友的儿子。"吴洪甫让他说那个老战友的名字，对方说了。吴洪甫想了想，说这个老战友我没有印象。对方又说那可能是时间太长了，您记不清了，又说吴叔，我有件事想请您老出面帮我解决一下。吴洪甫问是什么事。对方说我是个搞工程的，外地有一个单位欠我 100 多万元，我老要不回来。我认您个干爹，想请您帮我把这个钱要回来。吴洪甫当即就说，我给你办不了这个事儿。你如果讨欠款，可以向法院起诉嘛，法院可以帮你追讨。法院判了，对方再不还，你还可以申请强制执行。那个人还不罢休，又说找法院太麻烦了，打官司周期太长，如果您老能帮我解决，帮我要回这 100 多万元，我给您老人家 30 万元。

吴洪甫生气了，坚决地说，我不能给你去要这个钱，你还是找法院吧。

当了垃圾场义务看护员

　　村西头有一个大坑，是村民倒垃圾的地方。吴洪甫的家搬到村西新家后，这片倒垃圾的地方成了他关注的目标。他首先挨家挨户地告知，垃圾一定要扔到垃圾箱里和坑里，每天还带上铁锹、扫帚去打扫扔在外面的垃圾；同时，他还自己掏钱做了个牌子，上写"讲文明讲卫生不乱扔垃圾"，放在垃圾箱边。但平时还是有村民不讲究，不注意，把垃圾往坑边上一扔就走。

　　这天，吴洪甫又去清扫垃圾时，发现有一兜扔在坑外的垃圾袋中有一个小学生的作业本，本子封面上写着一个小学生的名字。他就去找到这个小学生的家长，对他说，你以后扔垃圾不要扔在坑外边了，要养成良好的卫生习惯。上级号召咱们建设青山绿水的美丽家园呢。这个家长一边答应着，一边好奇地问，你怎么知道我把垃圾扔在坑边上了？吴洪甫风趣地说，我安了电视监控了。

　　还有一天，吴洪甫发现一袋乱扔的垃圾中有一张车票，票上有一个村民的名字。他就上门去找，劝他以后不要乱扔垃圾。这个村民表示以后改正，又问你怎么知道我乱扔垃圾了？吴洪甫说，你忘了吗，我在部队当的是侦察兵。

　　还有一个村民乱扔垃圾，被吴洪甫远远地看到了。他找上门去，告诉那个村民，以后一定不要乱扔垃圾。

吴洪甫领作者来到村西头，看那个垃圾坑、垃圾箱，又指着村西头的路说，你看这条路在这里有一个弯儿，以前这路边上有几棵杨树挡着视线，有几次村里出来的车和要进村的车，因看不到对方撞了车。我先是建议村里把那几棵杨树伐了，并给杨树的主人做了工作。下一步准备把这条路重新修一下，把这条路拉直，那样视线开阔了，就不会发生撞车的情况了。

当了修路义务质检员

2018 年春节刚过，村党支部书记杨建文来找吴洪甫，对他说："大爷，村里要修水泥路，这几段路共长三千多米，宽四到五米，上级的钱已经批下来了。我想请您担任质量监督员，只是义务的，没有报酬。"

吴洪甫笑道："没问题，感谢你的信任。你有报酬我也不要。"

村里的路开工后，吴洪甫盯在工地上，拿个卷尺这里量量，那里量量，连水泥的质量、搅拌的时间都认真把关。

这天晚上，修路的包工头到吴洪甫家里来了，带了香烟，还有一兜梨，说了一番请老人家多多关照的话。

吴洪甫明白，包工头送礼就是让他监督时手下留情。他对包工头说："路是村里的，钱是国家给的，你接了这条路就要保证质量，这样才对得起俺们村，对得起国家，也对得起你们自己的良心。这香烟你带回去，梨我收下了。"但第二天，吴洪甫把那一兜梨带到了工地上，分给了施工的工人，说，这是你们领导慰劳你们的。

路修了一个多月，吴洪甫盯了一个多月。路修完后，经有关部门验收符合要求。如今过去一年多了，路况依然没有问题。

作者来到吴洪甫家大门口，指着门前通往村里的路，问，是这条路吗？

吴洪甫点了点头。

一个老兵的心愿

吴洪甫说，省、市、县、乡、村五级单位的领导对我都很关心，上级部门换了好几届领导，每届领导都来看望我；件只乡党委书记宋涛来了好多次，这让我很是感动。

作者6月13日第二次前去采访吴洪甫的这天上午，广宗县农村商业银行为庆祝建党九十八周年，开展"庆七一、送真情"活动，到吴洪甫家表示慰问，并请他到农村商业银行给职工做革命传统教育报告。在做报告之前，农村商业银行的党组织请吴洪甫带领本行的十八名新党员，举起右拳，面对党旗庄严宣誓；之后，由县委常委、宣传部部长辛庆格主持，请吴洪甫做报告。

吴洪甫说，我年龄大了，大事做不了了，就尽我的所能，做一些对社会、对国家有益的事吧。

2018年，邢台市人武部在邢台火车站欢送刚入伍的新兵。广宗县人武部请老战士、老功臣吴洪甫也前去欢送。吴洪甫对一个胸前戴着大红花的新兵临时班长说，你现在是班长，我在部队也当过班长。这个班长，虽说是部队最小的官儿，应该是最小的长，但他的责任却非常重大。班长要以身作则，身先士卒，起好模范带头作用。你们这次去祖国的大西北，你要负责他们沿途的衣食住行，安安全全地把战士们带到目的地，不要出问题。到了部队要好好干，要服从分配，遵守纪律，苦练保卫祖国的本领。不论干什么工作都要干好，干出突出的成绩来。学好技术，练好本领，才能保卫祖国。在部队的这几年，是一个年轻人一生中最宝贵的时光，也是在部队的大熔炉里炼成一块好钢的阶段。你们走到哪里，以后担任了多高的职务，都不要忘本，不要忘了自己是广宗人、邢台人、河北人，要为故乡的父老乡亲争光。

2018年吴洪甫在邢台火车站送新兵入伍

新兵班长连连点头，说："爷爷，请您放心！"并在临行前向吴洪甫行了一个还不太标准的军礼。

2018年，吴洪甫送本家的一个孙子到新疆当了武警战士。

在给机关、事业单位的职工做报告时，他说，你们现在有一个稳定的工作环境，有幸福的家庭，希望你们不忘初心，牢记使命。这个初心就是一个中国人应有的本色，是优良传统的美德，是全广宗人民的期望。这个使命，从大处说，是建设祖国大业的使命，从小处说，就是你的本职工作岗位。你把本职工作做好了，就是对社会做出了应有的贡献。领导干部和在有一定权力的岗位上的工作人员，要以焦裕禄、杨善洲为榜样，以身作则，廉洁勤政，为人民服好务。当一般工作人员也要尽职尽责。做一个共产党员，更要以党员的标准严格要求自己，做一个张思德、雷锋那样的党员。这样才不辜负人民的希望，对得起生我们养我们的这一片土地。

吴洪甫做报告，不用讲稿，长则能讲两个多小时，短则能讲一个多小时。他的报告很受听众欢迎。做完报告，许多人过来跟他合影，说，吴老您是我们广宗的骄傲，河北的骄傲，跟老英雄合影是我们的荣幸。

吴洪甫分别到广宗县的小学、中学、机关、邢台一中、邢台金融学院、邢台学院等单位做了多次革命传统教育报告。他到自己的母校小学、乡中学做报告，更觉得亲切，师生们也感到非常亲切。他说，报告要做得深入浅出，一般先将自己在英雄的地空导弹部队是怎样和战友们一起打下美制蒋帮 U-2 侦察机来的，然后把孩子们如今的读书和爱国、爱人民结合起来讲。

他说，孩子们，你们都知道，今天幸福生活来之不易，我们的新中国是无数革命先烈用生命和鲜血换来的。仅我们河北省，抗日战争时期就出过著名的狼牙山五壮士，出过威震敌胆的马本斋回民支队，冀中平原上的地道战，还有平原游击队，也非常有名。解放战争时期在隆化战斗中出过英雄董存瑞。党中央"进京赶考"，就是从我们河北

吴洪甫给孩子们讲当年用导弹打下 U-2 侦察机的故事

的平山县西柏坡出发的。新中国成立后，我们河北参加志愿军赴朝作战的军人也很多，有很多战士牺牲在了抗美援朝的战场上。所以，我们要珍惜今天的幸福生活。希望你们遵照毛主席"好好学习，天天向上"的要求，爱祖国、爱人民、遵守纪律、团结同学，努力学习文化知识，把自己培养成一个德智体美劳全面发展的好学生。从现在起就打好基础，走好人生的第一步。以后再考上大学，学习更多的知识，成为一个对社会有用的人，接好老一辈的班。我有几句话送给同学们，那就是：到了哪里，都不要忘了自己是广宗人，不要忘本。要为广宗争光，为广宗的父老乡亲争光。

吴洪甫结合自己参加打下 U-2 侦察机的经历，还给中小学生们讲了一个话题：

同学们，你们知道吗？打 U-2 侦察机，当然首先靠导弹部队的官兵们对祖国、对人民的爱，对敌人的恨，要靠勇气、胆量，同时还要靠过硬的技术本领。没有过硬的技术，你是掌握不了当时世界上尖端科技的导弹发射的。它 U-2 侦察机飞得那么高，在我们祖国的领空大摇大摆地进进出出，我们的米格飞机爬不了那么高，打不着它，我们的高射炮也打不着它。哎，苏联的这种萨姆 -2 导弹就可以打到它。这就说明了，科学技术在敌我对抗中的重要作用。所以你们从现在起就要学好文化课，打下一个扎实的良好的基础。上了大学，考上研究生之后，才能更好地掌握科学技术知识。这些年，军队提出了科技强军的口号，就是强调科技在国防建设中的重要地位。我因为当兵没能再考高中，更没能考大学，我把希望寄托在你们身上，希望你们大学毕业走向社会、参加工作后，在科技领域做出更大的成绩来。

2019 年 7 月 6 日于济南

吴洪甫先进事迹报告会发言稿（2018年）

啥叫子弟兵

□ 吴洪甫

大家好。我叫吴洪甫，今年77岁，是广宗县件只乡槐窝村的一个农民，也是一名退伍老兵。

部队是个大熔炉，部队的教育影响了我一辈子。这么多年过来，我有三点体会：第一点，当兵就要当精兵，打仗就要打胜仗！第二点，穿上军装是兵，脱下军装还是兵。一天当兵，一辈子是兵！第三点，当兵，就要始终想着，啥叫子弟兵！

我是1959年12月当的兵。我当时18岁，身体不错，顺利入了伍，成了解放军地空导弹部队一名新兵。

我上过初中，有一定文化基础。首长觉得我比较机灵，就把我留在导弹营二营，担任杀伤标图员。由于刻苦勤奋，做事用心，我很快就成为一级技术能手。

空军地空导弹部队二营，历史上曾三次击落美制U-2高空侦察机，我参加了两次。

1962年9月9日，一架美制U-2高空侦察机，大摇大摆地闯入了江西省南昌上空。

8时32分，敌机进入二营的火力范围。显示屏上，一个小小亮点不断忽闪。这是我们第一次与U-2正面交锋，指挥车上静得一点儿声音都没有。冷不丁，战友刘树山蹦出一句："一定要把这个家伙干掉！"

大家的情绪更加高涨起来。

屏幕上的小点不断闪动。大家分工协作。我听着数据，心里计算，手里标出飞机航线，马上传给指挥员。首长随后下了命令："放！""砰！砰！砰！"三声巨响，三条火舌喷射而出。6秒过后，屏幕上的小亮点一下开了花，大家叫了起来："打中了，打中了！"

这是我军第一次用萨姆导弹击落U-2侦察机，也是世界上第一次击落U-2侦察机！

周总理亲自把电话打到阵地，空军司令员刘亚楼专门赶到营地，表示热烈祝贺。我们兴奋得像炸了窝一样。

国防部为二营记集体一等功，我和二十多个战友提前晋衔一次。许世友将军亲自给我们授衔，我一辈子也忘不了！

没过多久，敌方研制出电子预警装置"第12系统"，专门对付地空导弹。这意味着我方雷达天线打开过早，敌机就可能逃走。

针对新情况，我们专门研究制定出"近快战法"，把参数的测算时间由之前的18秒压缩到6秒，近距离发弹再开天线，也就是"先打后开"，让敌机插翅难逃。

我们二营抓紧一切时间模拟训练。夏天捂出一身痱子，冬天手脚长满冻疮……大家照样上战场，搞实战训练。

有一次，我们在甘肃0029基地附近，搞实弹射击训练。正赶上原子弹点火试验，巨大的冲击波把我们的车辆颠了起来，我被从车上直甩出去，鼻子磕在鹅卵石上，鼻梁骨摔断了，血流不止。班长看见了，要我马上去卫生所。

实战训练都是配套的，我这岗位没有替补。我对班长说，这点儿小伤不碍事，咱们继续吧。就手捏着鼻子，转身上了指挥车。至今，我的鼻梁还塌陷着，也无法再手术治疗。

不过想想吧，二营换了谁，在训练场上，也是轻伤不下火线。

当时的情况，台湾国民党叫嚣着反攻大陆，美国在后头撑着腰，飞机想来就来，想走就走。咱们虽说有了导弹，但数量很少，向苏联买，

一颗就要花很多钱。那么贵的导弹，打丢了太可惜。可要打中，没有过硬的技术，根本不行。

为了压缩数据测算时间，飞行高度、方位距离等一百多个常用数据，我全部背了下来，"听、算、报"同步进行。一旦得到空情信息，边报数据边标图，3秒完成。

1963年11月1日，在江西省上饶上空，我们再次捕捉到"U-2"踪迹。可当我们准备锁定目标时，雷达突然丢失目标。按"U-2"飞行的航向和速度，我推算出飞机的方位和距离，口里汇报，手里标图。当时我断定："三发可中一发！"巨响过后，"U-2"再次被击落。

战斗结束，营长岳振华拍着我的肩膀："你个'吴大胆'，真成了导弹上的眼睛！"

空军副司令员成钧把我叫过去，专门询问我判断的依据。

又打下一架"U-2"，这个消息再次震动全国。中央军委、国防部授予我们个人一等功、二营全体官兵集体一等功；二营还被授予"英雄营"荣誉称号。1964年7月23日，毛泽东、周恩来、朱德等党和国家领导人，在人民大会堂接见了全营官兵，并合影留念。

打下"U-2"，打出了我们的军威、国威，打掉了美国和台湾当局的嚣张气焰。啥时候想起来，我都心潮澎湃、激动不已。当时，有记者问陈毅元帅，"U-2"飞机是怎样打下来的，陈毅元帅说，是用竹竿捅下来的。看看我们的腰杆有多硬！

回想在部队的五年，就觉得当兵就要当精兵，打仗就要打胜仗！参与打"U-2"，我骄傲了一辈子！

1965年2月，我们一批老战士退役了。

临行前，营长岳振华特意给我们谈心。首长说："'英雄营'的兵，回家后不许给部队丢脸。""不能泄露国家军事机密，更不能给地方添麻烦，地方不安排，谁都不准闹意见，能做到不？""能！"大家都表了态。营长还专门问了我，我说："保证能做到！"

回到槐窝村，乡亲知道我立过功，家里也收到过立功的喜报，但为啥立功谁都不知道，问我我也不说。

有一次，我媳妇实在忍不住，把家门关上，问我："奖状咋来的？"我说："不该问的别问！"从此，她再没问过。

广宗是个贫困县，基础条件比较差。我自己除了打仗，没别的技术专长，只能靠种地谋生。

我们家六口人，只有我和媳妇两个劳动力。家里劳动力少，挣不够工分，每年要额外养一头猪换钱补给生产队。

有一年下大雨，把我们住的房子冲垮了，没钱盖房，我就带着一家老小到邻居家借宿，一住就是三年。

1986年，我父亲得脑血栓瘫在了床上，没过几年，我母亲也瘫痪了。当时，弟弟们要打工，我就把照料老人的事揽了下来。

后来，我媳妇得了股骨头坏死，家里的活都指望我了。其实我身体也不行，我这鼻梁骨断了，把右鼻孔堵了，我一干重活就胸闷，上不来气。

家里实在困难，我的三个孩子只能辍学，尤其是大闺女，为了补贴家用，只上到小学二年级就辍学了。

我也曾试着做些小买卖，可接连几次都赔了本……

有人劝我，拿出立功奖状，找找政府，找个工作，要点儿待遇。我拒绝了。我不能丢那个脸。

广宗是革命老区。1937年11月，在广宗县成立的抗日防匪自卫团，分三个大队，其中一大队的民兵自卫队队长就是我父亲。1939年9月18日，《冀南日报》在我家中创刊。1941年3月，冀南行政干部学校第一期在我家开学。我爷爷是革命烈士；我叔叔也是一名革命干部，在天津市一个部门任过领导职务。

日子难熬，我心里不好受。过年的时候，别人家的孩子有肉吃、有新衣服穿，我只能给孩子包顿白菜馅饺子糊弄事。

说实话，最难的时候，我一夜一夜睡不着。我埋怨自己不是一个好丈夫、好父亲。

可不管生活多么困难，营长说的"两个不能"，我亲口承诺过，

我得遵守。越是困难，我越告诫自己：不能给我们红色家庭丢脸！不能给红色老区丢脸！不能给英雄部队丢脸！

在我看来，打下飞机是任务，信守承诺也是任务。一天当兵，一辈子是兵。穿着军装是兵，脱下军装还是兵。是兵，就得守纪律！是兵，就得有几根硬骨头！信守承诺，是又一个"战场"。打"U-2"的英雄，绝不能在新的"战场"打败仗！

报纸上说，我干的是惊天动地的事，当的是隐姓埋名的人。其实，我的好多战友都是这样的。我们"英雄营"，立个人一等功的就有248人；我们那一代兵，都是毛主席的好兵！

我都77岁了，临老却成了大家的关注点，心里很不安。我常想，当兵为了啥？啥叫子弟兵？一辈子，兵与民，家与国，我一直在思考。我想说，兵与民是血肉关系，密不可分。家是最小的国，国是最大的家。当兵，就是为了保家卫国，为了国家富强，为了民族复兴，为了老百姓过上好日子。人民子弟兵，时时都得想着国家和人民。这就得有付出、有奉献。一旦想清楚了当兵为了啥，啥叫子弟兵，不计较利益得失了，心里也就坦然了。细想想，人活一辈子，能带走啥？

党和政府给了我很高的荣誉。可是回顾我这一辈子，也没做多少事。今后，我将继续听党的话，跟党走，继续发挥余热，为社会出最后一把力，做一个合格的退役军人。

最后，请允许我给大家献上一首军歌《我是一个兵》：

　　　　我是一个兵，
　　　　来自老百姓。
　　　　打败了日本狗强盗，
　　　　消灭了蒋匪军。
　　　　我是一个兵，
　　　　爱国爱人民。
　　　　革命战争考验了我，

立场更坚定。

嘿嘿嘿！枪杆握得紧，

眼睛看得清，

谁敢发动战争，

坚决打他不留情！

信念的力量

□ 武　健

各位首长、各位领导、各位同志：

大家好。我叫武健，是《邢台日报》一线记者。今天，我向大家汇报一下我眼中的吴洪甫。汇报的题目是：信念的力量。

自 2017 年 4 月起，我到广宗县槐窝村采访吴洪甫老英雄不下十次。采访过程中，吴洪甫以及与他相关的人、相关的事、相关的景物，给我留下很多极具落差的经典印象。在这里，我想分享给大家一起品味。

2017 年 4 月，我接到广宗县委宣传部报来的一条线索：件只乡槐窝村有一名退伍老兵，曾经和战友一同击落两架 U-2 侦察机。打下 U-2 可是彪炳史册的伟大战绩！请示编辑部后，我迅即赶赴广宗实地采访。

槐窝村离广宗县城比较远，我们的车七拐八拐走了小半天才到。随行的同志告诉我，槐窝村是广宗县最偏远的乡村之一，和威县搭界。在我的感觉里，区域交界处的边远地带，民风往往比较剽悍，贫困地区，管理秩序可能更落后。可走进槐窝村，感受到的却是一种静谧、安宁的体验。街道整整齐齐，树木郁郁葱葱，绿叶与红砖相映相拥，整个村庄别有韵味。

吴洪甫的家，就隐藏在这红绿深处。那是一个极为简朴的农家。低墙，小院，盖了一半的小房连着堂屋。就见一位老人从屋里迎了出来，满手老茧，一头花白头发，淡淡一笑，眼角眉梢全是憨厚。他身穿一件旧T恤,还没说话,先给我敬了一个军礼。广宗县委宣传部的同志介绍说,这就是吴洪甫。我当时感到非常意外,没想到这位衣着朴素、深居简出的老人,居然就是那位打下U-2的战斗英雄!

走进堂屋,只见里面有一条旧茶几、一个沙发椅和一张木床。摆在角落里一台28寸的老式电视机。我当时就感觉,吴老的生活太简朴了,甚至有点儿寒酸。这和我预想的英雄生活大不一样!

可吴老对眼前的生活很满足。他的关注点,是部队,是国家。吴老思维敏捷,表述清晰,尽管已经退伍五十三年,但他甚至能清楚地记起战斗过程的每个细节。尤其是讲到两次击落U-2的经历,他神采飞扬,眸子中闪动着的全是军人的豪气!

这次采访非常顺利,甚至不用我提出太多问题,吴洪甫就声情并茂地、完整地讲述了整个故事,仿佛这段经历是发生在昨天。我很好奇,就问他:"吴大爷,你怎么记得这么清楚呀?"吴老说:"亮剑杀敌,血拼一瞬间,怎么能忘呀。"

当过兵,忘不了战场!战场是他们的舞台,御敌保国是军人的神圣使命!两次打下U-2,出色地演绎了这样的使命!

可是,忘不了战场的吴洪甫,两次立下赫赫战功的吴洪甫,退伍后几十年,为啥一声不吭,埋头种地,沉寂得像根木头?

吴洪甫解释起来很淡然:"导弹部队的信息是绝密信息,不能说!""俺给首长承诺过,回乡后要遵守'两个不能':不能因地方没安排就闹意见或者给地方添麻烦,更不能泄露国家秘密和军事秘密。"

一句承诺,三十七年的坚守!

三十七年来,吴洪甫经历了很多很多。家里兄弟多,经济困难,他没有说;父亲、母亲瘫痪了,他没有说;妻子患上股骨头坏死,他没有说;子女因贫失学,他没有说。他只要向政府申请一下,完全可以获得应有的照顾。可是,他没有说。理由只有一个:保密!

三十七年的坚守,这是什么力量?这是信念的力量!是对党、对国家、对人民忠诚的力量!

2017年7月28日，在中国人民解放军建军九十周年前夕，我们带着深深的感动和敬意，写下通讯《老兵吴洪甫》。稿件见报后，省内外多家媒体、网站在显著位置给予转载，在社会上引起广泛关注。

此后，我们继续关注着吴老的状况。我们还将老英雄的事迹推荐给《光明日报》驻河北记者站。今年5月，《光明日报》《邢台日报》联合采访小组，又陆续走进槐窝村，深入采访吴洪甫。

在今年的采访中，我们又多了一些思考：吴洪甫是怎样成长起来的？这样的英雄究竟是怎样炼成的？吴洪甫身上有着怎样的时代意义？我们想揭开这样的谜底。

在采访过程中，我们从多个视角认识了吴洪甫。

在采访中，我们了解到，槐窝村是革命老区，吴洪甫更是一门忠烈。吴洪甫的爷爷吴玉焕，是革命烈士。新中国成立前，曾任广宗县城北联村党支部书记。吴洪甫的父亲吴锡贺，曾任槐窝村民兵队长。叔叔吴静斋，是一名革命干部，曾在天津市一部门任领导职务。吴家有红色背景，可从来没有向国家向政府提要求要照顾，没有一次走后门，子弟上学、就业全凭自己的本事。吴洪甫的四弟吴洪桥甚至说，爷爷是烈士，奶奶还不让家人找领导要待遇！哥哥只不过立个功，不算多大个事儿！

两次打下U-2，毛主席接见过，许世友授过衔，记过一等功，所在营被国防部命名"英雄营"，可在吴家看来，这些荣誉自己知道就行，并不是值得炫耀的大事！这就是吴家的家国观！这也是记者深受震撼的家国观！

与坚守秘密相比，与苦难生活抗争、乐观地融入生活、继续为人民无私奉献就显得更为可贵。

在采访中，我们还认识到一个并不精明，甚至有点儿拙笨、有点儿傻气的吴洪甫。

同样是种地，吴洪甫种的小麦，亩产总比邻居的少200多斤。

为了补贴家用，吴洪甫也曾试着做些小买卖，可时运不济，接连都亏了本。

有一次，村民误买了劣质的茄子苗，全村的茄子秧都不挂果。吴洪甫一声没吭，赶马车跑到邯郸拉来2000株秧苗，按进价转让给大家。不光一分钱没挣，还搭进去来回路费和一天工夫，"赔本赚吆喝——就图个痛快"。

村口的垃圾没人管，吴洪甫管了起来，还婉拒了村里开的工资。

随着采访的不断深入，我们越来越发现，吴洪甫就是一部厚厚的书。面对记者，吴洪甫多次说，我们是毛主席的兵！在我看来，他身上流淌着的是红色的血液，传承的是红色基因！吴洪甫的故事，就是一部红色的教材！这部红色教材，值得每个人读一读。

今年7月，我们所写的报告文学《老兵》在《邢台日报》刊发。8月中旬，经《光明日报》上报的内参得到中央领导的肯定性批示。9月5日至9月10日，《人民日报》、新华社、《光明日报》等中央及省市新闻媒体集中报道了吴洪甫的感人事迹。9月27日，吴洪甫荣登"中国好人榜"。随后，河北省民政厅、省人社厅向全省广大退役军人发出倡议，迅速掀起向吴洪甫同志学习的热潮，争做吴洪甫式的新时代退役军人。吴洪甫的故事，感动了更多的人。

传播好故事，是记者的职责。作为记者，我们就是要挖掘吴洪甫这样的故事，传播这样的精彩故事；采访报道的过程，也是学习的过程。我们愿意在挖掘、传播的同时，带头向吴老英雄学习，学习他的先进事迹，弘扬他的宝贵精神，汲取他身上的信念力量，仰望星空，脚踏实地，努力把我们的工作做得更好，让人民更满意。

再次向吴老致敬！

谢谢大家。

我心中的父亲

□ 吴近东

各位领导，同志们、朋友们：

大家好！

我叫吴近东，排行老三，上面还有两个姐姐。在我心目中，父亲不是什么大英雄，他就是我们槐窝村一个普普通通的农民。对我来说，父亲就像一本书，他教会我怎么行事做人；父亲就像一棵大树，有危难的时候可以依靠，有风雨的时候可以遮风避雨；父亲就像一坛老酒，他把生活的苦涩、岁月的艰辛，都封存在自己心里，酿出了香味儿，化作了甘醇。

从小我就有一个梦想，想当诗人。上初中的时候，成绩排在年级前十名，还在《儿童文学》上发表过诗歌。老师的表扬，同学的羡慕，让我心花怒放。那时候，在我眼里，明天一定是阳光灿烂，未来也必然是美好无限！可就在这个节骨眼上，命运给父亲开了个玩笑。1988年，他和别人做农药生意被骗，欠下了高额外债，我们一家人开始了最艰难的一段生活。1988年的高额外债，是一个什么概念，对一个普通的农民家庭意味着什么。大家不难想象，那简直就是一座大山啊！为了还债，当时父亲每天4点多起床，一辆自行车，一边一个大篓子，不是苹果就是梨，一百大几十斤，骑行五十多里，到河古庙去卖水果。这段经历，让我知道了生活的艰难；父亲披着星星出门、戴着月亮回家的身影，让我懂得了一个男人的责任。1989年，我16岁，初中毕业，父亲劝我继续上学，我却坚持去建筑工地打工。16岁，能干啥？就是搬砖、和泥，出力气，每天挣4元钱。最累的一次，我连续干了三个白天，两个晚上，第三个晚上躺在工地的石子上睡着了。为了抗争命运的不公，我一边打工一边自学，1990年考上邯郸建筑专业学校，1993年考上西安建筑学院，过了6年半工半读的生活。2001年考取建筑工程师资格证书。不敢说学有所成，也总算有一碗饭吃。

那时候，在我的印象当中，父亲只是一个有担当、能吃苦，不向命运低头的农民，甚至不知道他当过兵、打过仗。现在回过头想想，假如父亲有个一官半职，哪怕是个工人，有一份保障，我们一家子也不会吃那么多苦、受那么多罪，或许我脚下的路，也不会这么坎坷、这么曲折。

2016年12月24日，这是一个让我终生难忘的平安夜。浓重的雾气笼罩着邢台，圣诞树上的霓虹灯还在深夜里闪烁，《铃儿响叮当》的圣诞歌还在耳边回响。谁知道"平安夜"不平安，在这个"洋人"的节日里，趁着夜色，趁着雾气，命运又偷偷地在我背后举起了大棒。刚刚遭遇了一次婚变，我已经身心俱疲，伤痕累累；刚刚净身出户，我已经身无分文，不堪一击。屋漏偏逢连阴雨，船迟又遇打头风。命运没有可怜我，没有心疼我，狠狠地又给了我一记闷棍。25日凌晨5点，我驾驶一辆电动车，酿成一起车祸。电动车没有保险，15万元的责任赔偿，只能由我自己承担。由于这次车祸，我们家又一次掉进了冰窟窿，窟窿天，窟窿地，窟窿人。76岁的老父亲，本该是抚儿弄孙，颐养天年，可他却重操旧业，做起了小买卖。130里地，一辆充电三轮车，去曲周拉各种蔬菜秧子，有辣椒，有茄子，有西红柿，早起4点出发，晚上10点多才回来，一直拉了两年。父亲一辈子活得很硬气，从来不求人，可这回他却四处奔走，向亲戚朋友开口借钱。大家可能不了解父亲的脾气，但是我知道，让他去张这个嘴，有多难！

这时候，一位本家的叔叔心疼父亲，劝他说："你也去上头找找吧，我听说现在的退伍兵都在补工资哩。像你这种国家的一等功臣，总比没立过功、没受过赏的强吧。这么多年，一年按一万算，不多吧，那好歹也有几十万。"父亲说："我不能去找。"那位本家叔叔也急了，说："你不找白不找。有本事你别起早贪黑拼老命，有本事你别每天愁着眉、苦着脸。我看你是不想给近东娶媳妇啦，不想给近东再成个家啦！"父亲说："家里的事儿是家里的事儿，国家的事儿是国家的事儿，这是两码事儿。我不能因为家里的事儿去找国家的麻烦！"那位本家叔叹了口气，说："算我没说。我看看，你就算拼了这条老命，你就算干到90岁，我看你能不能堵上这些个窟窿，我看你能不能给近东备好彩礼，娶上媳妇。"父亲低下了头，说："这些我都明白，但我还是不能去找，这一找，就不是我吴洪甫了。"

　　母亲的腿不好，是常年超负荷体力劳动造成的。母亲常说，跟父亲没过过一天好日子，没享过一天福。那时候，在生产队，一家老小，就他们两个劳动力，每年需要给生产队补缴二三百元钱，才能分到口粮，糊弄住肚子。可是钱从哪里来？喂猪、喂鸡，紧抓慢挠，勉强活命；分田到户，责任承包，父亲在部队受过伤，干不了重活，庄稼作养得不好，打不下粮食怎么办？父亲就做小买卖，卖水果、卖熟肉、卖农药……干过不少行当。但他性格耿直、不拘小节，本来就不是做生意的人，最后是赔的多、赚的少。一年到头，总有讨债的上门，每到过年如过关。日子过得那叫一个熬煎！那时候，为了能让一家五口吃个饱饭，母亲不敢停下脚步。腿疼了，就坚持坚持，继续做；腿疼得受不了，就打个封闭针，继续做。坚持了再坚持，打了一针又一针，继续了再继续，终于有一天继续不下去了，最终造成股骨头坏死，母亲在床上躺了六年。一直到2009年，在有关部门帮助下，母亲到河北省优抚医院做了手术。这家医院的服务，非常贴心，非常温暖，手术也非常成功。让我印象最深的就是，医护人员用了一个让我非常陌生的字眼，来称呼我的父亲，他们称他"吴老"。一个连一件像样的衣服也没有的人，一个每天吃咸菜、喝米汤的老人，一个两腿裹满泥巴、满脸都是皱纹的老农民，却被那么多人称作"吴老",他就是我的父亲。我第一次,从另一个角度来看他,我的父亲是那么高大!

我跟父亲开玩笑,我说:"从老吴变成吴老,这俩字一颠倒,差别咋就这么大呢?"父亲也不含糊,说:"有啥差距?要说有差距的话,那就是老吴是姓吴的那个老头儿,吴老是姓吴的那个老头老得不行了!"

有一首歌,这样唱:时间都去哪儿了,还没好好感受年轻就老了,生儿养女,一辈子,满脑子都是孩子哭了笑了;时间都去哪儿了,还没好好看看你眼睛就花了,柴米油盐,半辈子,转眼就只剩下满脸的皱纹了……

吃再多的苦,受再大的罪,我从来不埋怨你,我的父亲。请放心,我已经长大,我也是个顶天立地的男人。我会像你一样,把自己该做的事情做好,把这个家照顾好!

谢谢大家!

小事中见大德

□ 陈 伟

尊敬的各位领导、各位同志：

大家好！

我叫陈伟，是广宗县民政局的一名普通公务员。今天很高兴能够参加这次报告会。

我是2008年大学毕业后参加工作的，一到民政局，就被安排到了优抚股，跟着老领导们一起从事优抚工作。今天，我给大家说说我眼中的吴洪甫。我报告的题目是：小事中见大德。

第一次见到吴洪甫老人，是在2009年的那个夏天。那天，我跟随同事一起下乡发放优抚金。

到了件只乡，一进乡政府门口，就看到一队排列整齐的队伍从办公室里面延伸到外面。那天的天气特别热，就见一位老人正跑前跑后地招呼着优抚对象，指挥大家按次序排队。等开始发放优抚金的时候，他就帮工作人员一个一个叫人名，叫到谁谁进来。有的优抚对象拄着拐，他就搬个凳子让人家坐在那里；有的优抚对象行动慢，他就搀扶着人家走到前面摁手印领钱。来来回回几十趟，汗水湿透了他的T恤衫。到现在，我还清晰地记得，他穿的那件T恤上印着"广宗县民政局八一建军节纪念"的大字。当时我心里一直纳闷儿：这个热心老汉，这么大年纪了，不像是这里的工作人员呀，难道是政府看大门的吗？

等到优抚金发放接近尾声时，我听到一个同事喊："老吴，快歇会儿吧！忙活完别人，轮到你了。看看，每次你都是来得最早，领得最晚。"我恍然大悟：原来他也是一个优抚对象，是一位退役军人。

他走后，我从同事口中得知，这个黑瘦老头，竟然是一等功臣，曾经两次打下美制 U-2 侦察机！当年，他还曾经受到毛主席、周恩来、朱德等老一辈党和国家领导人的接见，他的部队还被国防部授予"英雄营"称号！这样的大英雄，竟然就在自己身边，竟然和普通的老百姓一个样！

在这之后，我对吴老就有了越来越多的了解。

同事告诉我，吴洪甫是 1965 年 2 月退伍的，可直到 2004 年，才到民政局办了优抚手续，中间隔了三十多年。为啥办得这么晚？理由只有一个："保密！"从入伍那天起，吴洪甫就牢牢记住了部队的纪律要求。退伍后，他带着部队首长的嘱咐，回到老家当农民。当时他从部队带回来的，有 190 元的退伍费，有立功奖状，有强化训练时负的伤。他家里弟兄多，他是老大，190 元钱交给父母，立功奖状压到了箱子底儿，负的伤则一声不吭。乡亲们问他："在部队时你是干啥的？"他总是一句："我就是个烧火做饭的。"

如果不是无意中看到一本杂志，上面有介绍空军司令员刘亚楼指挥导弹部队打 U-2 侦察机的文章，吴洪甫可能还要继续保密下去。这一年是 2002 年。部队的信息公开后，我们民政部门按照规定，给他办理了带病回乡的待遇。由于在部队上负过伤，他不能干重的体力活，除了外出打打零工，种种地，没有过多的经济来源；他退伍后，父亲、母亲瘫痪，爱人患股骨头坏死病，家里生活很是拮据。当我们民政工作人员问他有什么困难，需要什么照顾时，他总是一个劲地说："我还有力气，能干活，把更好的待遇让给更需要的人吧。"逢年过节，我们都会给他送慰问品，可每次去，他都会拒绝我们，还是那句他总说的话："留给更需要的人吧。"殊不知，他才是最需要的人啊！

2009 年，他的患股骨头坏死的老伴生病了，做了手术。我跟随同

事一起去他家看望他的老伴。一见面，他就笑着跟我们说，手术做得很好，老伴恢复得也很好，很高兴我们来看望。但他坚决不收我们带去的牛奶、鸡蛋等慰问品。他说："党和国家的政策好，已经为我们免费做手术了，我不能再多花公家一分钱了，这东西我真不能收。"我们一再劝说他："这是我们工作人员自己花钱买的，是我们自己的心意。"反复说了多少话，他才勉强同意收下，可又提了个条件：要送我们每人一袋小米。他说，这是自己种的谷子碾的米，如果我们不收小米，他也不收我们的东西。他就是这么倔强，就是这么坚持。我们同意收下小米后，他才高兴地说："我什么都不缺，不能让你们破费，你们也不容易。"他送我们出了家门口，一直看着我们上了车才离开。车子渐渐开远了，我们几个人，手中捧着他送的小米，人人眼中都有了泪花。我们之所以感动，除了因为他是一位战斗英雄外，更是因为他身上的朴实无华和凡事总愿意为别人考虑的宝贵品格。他自己身上有伤，自己没有体力去干重活，自己的老伴身体不好，也不能干活挣钱，生活条件很不好，但是却从来没有跟政府提过任何要求，要过任何救助。这真是一个大写的老兵，大写的人！

吴洪甫是我们的优抚对象，更是我们学习的榜样。什么是英雄？英雄，是民族的精神和骨头，英雄是我们国家的脊梁。吴洪甫就是真正的英雄，功勋加身而淡然，身处困窘而坦然。有人说，今天的社会物欲横流，人们已经不再需要英雄、不再崇拜英雄。其实，人们关注英雄的目光、追逐英雄的脚步从未停止过。崇尚英雄，是忠诚血脉的传承，是时代精神的呼唤。2018年9月，吴老的事迹经《人民日报》、新华社、《光明日报》等多家媒体报道后，在干部群众中引起强烈反响，引起人们广泛讨论和学习，有很多的人去采访他，去看望他。每当前去采访看望他的人问他，是什么信念支撑他隐姓埋名三十七年的时候，"听党的话，不能给党和政府添麻烦"，成为他最多的回答。没有惊天动地、气吞山河的豪言壮语，有的却是直射人心的、对国家对人民深沉的爱。吴洪甫的事迹告诉我们，正是因为他"不忘初心、牢记使命"，才能够让他"干惊天动地的事、做隐姓埋名的人"。在如今这个伟大的时代，我们都要学习他这种处处为人着想，不计个人得失的英雄本色，学习他退伍不褪色、退役不退志的精神，学习他为群众办好事、无私奉献的精神。吴老的英雄事迹，祖国不会忘记，人民不会忘记，我们民政工作者更将永远铭记！

今年，是我在民政工作岗位上的第十年，我深深地感动于很多像吴洪甫一样的平凡而又伟大的人，他们教会了我太多太多。作为一名民政人，我要学习吴洪甫的精神，做好本职工作，把个人融入大局中去，把自己当作民政的名片，时时刻刻"不忘初心，牢记使命"，向吴洪甫一样在平凡的工作岗位上做出不平凡的业绩，为实现中国梦贡献自己的一份力量。

谢谢大家！

乡亲们眼里的吴洪甫

□ 吴朝孔

各位领导，同志们、朋友们：

大家好！

我是槐窝村的吴朝孔，比吴洪甫小六岁，按村子里的辈分，我得叫他叔，其实我们经常在一起，更像是兄弟。1959 年 12 月，他 18 岁，我 12 岁，他去当兵，我上小学。吴洪甫穿着刚发的新军装，戴着个大红花，在大街上走来走去，那个光荣啊，我们都仰着脸看他；一家挨着一家，全村人争着请他吃饭，我那个羡慕啊。我当时就下定决心，长大要像他一样去当兵。他在部队服役，我在学校上学，一晃就是五年。他退伍了，我长大了。我想，他退伍回来，怎么也得弄个一官半职，最起码也要挣个铁饭碗吧。两个没想到，头一个没想到，他不吭不哈，扛起锄把子就下了地，还是土里刨食；二一个没想到，抛家舍业，当了五年兵，最后还是修理地球。

从 1965 年 2 月份他退伍，到现在，五十三年多吧，在乡亲们眼里，他就是邻家的那个老吴，跟老张、老王、老李没多大区别。也是每天一身臭汗，也是每天鸡毛蒜皮，也骂老婆、打孩子。也会因为一句话，跟人家争得脸红脖子粗；也会因为一步臭棋，跟老伙计吹胡子瞪眼。要说不一样，干农业，他还真不是个好把式，种瓜不长，种豆苗稀；做买卖，他不管赔多挣少，不顾秤高秤低。乡亲们不知道他在部队受过伤，不能干重活、出大力，总是笑话他不锄草、产量低；乡亲们不了解他的脾气性格，不懂耍奸、不会使坏，总是笑话他，孩子比娘大，挣一个能赔俩。但是，不得不承认，在他身上还真有一些别人没有的东西。别人吃不下的苦他能吃，别人受不了的罪他能受；尤其是在关键时刻，第一个冲上去的是他；特别是在重要关口，最能把持住的也是他。

咱先说吃苦受罪。在生产队那会儿，他家老的老，小的小，一年到头分的粮食不够吃，还得从家里掏腰包，贴补生产队。日子过得恓惶！后来，分田单干，他家地里总是草多苗稀，打的粮食还是不够吃。过年的时候，别人家买新衣服、做好吃的，他家连一块肉也舍不得买。拿他媳妇的话说，就是包一顿白菜馅饺子，糊弄糊弄孩子，也就过了年。后来，我才知道，洪甫在部队上，鼻子受过伤，一弯腰就上不来气儿，干不了重活。一家人总得朝前走吧，他就想方设法地做些小买卖。可他这个人巴掌大、心量宽，并不是做生意的料，种了半亩菜园子，全村人吃。跑一百多里地贩菜秧子，东家三棵、西家五棵，块儿八毛，他抹不开面子，张不开口要钱。种地打不下粮食，做买卖挣不了钱，媳妇的腿有毛病，就那么拖着。三个孩子有小学、有初中，十五六岁就出去打工了。媳妇总是埋怨他，你看看人家，你再看看自己，人家过得啥日子，咱家过得啥日子！后来才知道，好家伙，这个老吴还能打 U-2 侦察机，还是国家的一等功臣，还受到过毛主席、周总理接见。谁见了谁问，你是咋把美国飞机打下来的？你立恁大的功，咋还过这苦日子啊？老吴总是嘿嘿一笑，说一码归一码。

咱再说一夫当关。2013 年闹"非典"，为了防止疫情蔓延，每个村子都在进出路口，设岗放哨，不让外来人口进村。吴洪甫主动向村干部请战。当时，他儿子在邢台建筑工地打工，一闹"非典"，工地上停工了，儿子打电话说想回家。老吴说，你不能回。儿子说，我是槐窝人，咋就不能回家啦？老吴说，你在邢台打工，就是外来人口，只要我在这儿站岗，你就不能回家。你要是说回家就回家，我怎么跟乡亲们交代？拿场面上的话说，老吴守规矩、讲原则；拿老百姓的话说，

老吴支得上、靠得住。我俩经常唠嗑，一开始问他，你在部队上五年，都干啥了？他说，嗨，咱能干啥，喂猪、做饭。三十多年，就连他媳妇也不知道他在部队上干的啥。后来，解密了，大家伙都说，这个老吴看上去不起眼，嘴还是挺严！

咱后说冲锋在前。2014年夏天，一场大雨啊，铺天盖地，那真像是瓢泼的一样。我们槐窝村地势低，街里边的水越来越多，从脚脖子涨到了膝盖骨，院子稍低点儿的人家，已经进了水。我从村里学校往回走，远远就看见一个人，在雨地里拿着一把铁锹，不停地铲。我心里说，这是谁呀？下这么大的雨，忽雷打闪的，这人是不是有毛病啊！走近一看，是吴洪甫，浑身是泥，满脸是水。原来，我们村的水道堵住了，常年积存的垃圾、柴草、树叶子堵了水道，不通，水出不去，雨还一直在下。我也赶紧下手，帮着吴洪甫一起疏通水道。后来乡亲们越来越多，都来排水，才避免了一场水灾的发生。老吴这个人，就是这样，平时也不觉得多先进、多积极，但是往往在最关键的时候，他能第一个站出来，他能第一个冲上去，还真是一个当过兵的人。

老吴虽然不是种地的好把式，但他是我们村公认的大孝子；老吴虽然做买卖赔了钱，但他不气馁、不小气；老吴虽然立过大功、受过大奖，但他不显摆、不给政府添麻烦；老吴虽然日子过得紧巴，但他站得直、走得正。我从心里边佩服他！

谢谢大家！

附 录

中共中央宣传部、退役军人事务部
给吴洪甫的颁奖词

（2018 年 11 月）

　　吴洪甫，20 世纪 60 年代，在某空军地空导弹部队服役，任标图员，与战友携手两次击落美制 U-2 高空侦察机，立下卓越的战功。但由于部队保密的需要，他回到家乡后，收起军功章和立功证书，守口如瓶整整 37 年，一直过着默默无闻的生活。默默无闻——它是一种信仰，也是这份崇高的信仰支撑着他平淡寂寞地走过了 37 年。让我们向默默无闻并有着崇高信仰的老班长致敬！

中共中央宣传部、退役军人事务部关于开展 "最美退役军人"学习宣传活动的通知

各省、自治区、直辖市党委宣传部，政府民政厅（局）、人力资源社会保障厅（局）：

为深入学习贯彻习近平总书记关于退役军人工作的重要指示精神，落实全国宣传思想工作会议部署要求，加强思想政治引领，讲好退役军人故事，培育时代新人、弘扬时代新风，激发广大退役军人的自豪感、荣誉感、责任感，中共中央宣传部、退役军人事务部决定在全社会广泛开展"最美退役军人"学习宣传活动。现将有关事项通知如下：

一、活动主题

全面贯彻党的十九大和十九届二中、三中全会精神，以习近平新时代中国特色社会主义思想为指导，贯彻落实全国宣传思想工作会议精神，坚持培育和践行社会主义核心价值观，广泛开展"最美退役军人"学习宣传活动，推出一批积极响应党的号召、在经济社会建设各个领域取得明显成就、做出突出贡献的优秀退役军人典型，充分展示退役军人永葆本色、奋发图强的优秀品质和良好精神风貌，动员广大退役军人倍加珍惜荣誉、积极投身国家建设发展，激励广大干部群众学习最美、争当最美，在全社会大力营造关心国防、尊崇军人浓厚氛围，营造立足岗位做贡献、建功立业新时代的时代风尚，为决胜全面建成小康社会、夺取新时代中国特色社会主义伟大胜利、实现中华民族伟大复兴的中国梦提供强大精神动力。

二、主办单位

中共中央宣传部、退役军人事务部。

三、活动安排

活动主要由广泛发动、遴选典型、公开发布、巡回报告、集中宣传、学习实践等环节组成。

（一）广泛发动。各级要层层发动，动员广大退役军人和干部群众积极参与，深入挖掘身边退役军人立足本职、干事创业的感人事迹，选树一大批先进典型，举办一系列富有仪式感的活动，推动"最美退役军人"学习宣传活动进企业、进农村、进机关、进校园、进社区、进军营、进网站，唱响主旋律，弘扬正能量。

（二）遴选典型。按照富有先进性、典型性和代表性的原则，兼顾不同类别退役军人，每省（自治区、直辖市）推荐上报 2 名候选人，确保政治合格、品德良好、实绩突出、群众认可，无违纪违法行为，同时提供推荐对象详细事迹资料（3000 字左右），候选人事迹应在媒体做过宣传。10 月 10 日前，以各省（自治区、直辖市）党委宣传部、政府民政厅（局）、人力资源社会保障厅（局）名义，联合报送退役军人事务部。

（三）公开发布。中共中央宣传部、退役军人事务部综合各地推荐情况，遴选确定 10 名"最美退役军人"，举行发布仪式。中共中央宣传部、退役军人事务部有关领导，以及相关地方党委宣传部、政府民政厅（局）、人力资源社会保障厅（局）负责同志和"最美退役军人"及其亲属等参加。各地可结合实际发布本地区优秀退役军人典型。

（四）巡回报告。中共中央宣传部、退役军人事务部将适时举行"最美退役军人"先进事迹报告会，并组织部分"最美退役军人"分赴部

分省（自治区、直辖市）的高校、企业、军营等作巡回报告。

（五）集中宣传。学习宣传活动在报纸、广播、电视、网络等全面铺开。中央和地方主要新闻媒体对学习宣传活动进行广泛报道，大力宣传"最美退役军人"先进事迹，充分报道活动动态、典型故事，形成舆论宣传声势。将"最美退役军人"纳入公益广告整体宣传，制作公益广告，广为宣传展示。充分用好用活新媒体，精选"最美退役军人"典型事迹，通过网站、微信公众号、新闻客户端等向社会推出，扩大活动吸引力、感染力和覆盖面影响力。

（六）学习实践。各级围绕学习宣传"最美退役军人"这一主题，结合实际开展形式多样的实践活动。灵活运用故事会、演讲会、报告会、交流会和典型访谈、文艺表演、微课堂、微视频等多种形式，讲感人故事、谈学习心得、话使命责任，引导广大退役军人和干部群众不断从先进典型身上汲取精神营养，把"最美退役军人"学习宣传活动焕发的政治热情转化为投身国家建设发展的实际行动，进一步提振实现中国梦、强军梦的精气神。

四、有关要求

（一）加强组织领导。开展"最美退役军人"学习宣传活动是社会主义精神文明建设的一件大事，是培育和弘扬社会主义核心价值观的重要抓手，是做好退役军人工作、加强思想政治引领、让军人成为全社会尊崇职业的实际举措。各级要充分认清活动的重要意义，切实加强组织领导，精心筹划部署，严密组织实施，积极稳妥做好各项工作，确保活动有力有序有效推进。活动有关情况要及时报送中共中央宣传部、退役军人事务部。

（二）搞好统筹协调。各级各部门要切实履行职能，充分发挥各自优势，加强协调，形成合力，组织好本地区"最美退役军人"学习宣传活动，及时推荐报送典型线索，配合做好采访、拍摄等各项工作，共同把活动抓出声势、抓出质量。

　　（三）注重改进创新。要深入研究探索新形势下典型宣传的内在规律，充分运用群众喜闻乐见的载体平台，大力推进学习宣传活动理念、内容、手段等全方位创新，增强活动的吸引力感染力。要充分考虑退役军人工作的实际特点，注重调动广大退役军人参与的积极性，发挥好先进典型的激励效应，使学习典型、争当先进蔚成风气。

中共中央宣传部

退役军人事务部

2018 年 9 月 8 日

中共河北省委
河北省人民政府
河北省军区
关于表彰河北省优秀退役军人和退役军人
管理服务工作先进单位、先进个人的决定

各市（含定州、辛集市）、县（市、区）党委和人民政府，雄安新区党工委和管委会，省直各部门，各军分区（警备区）、人民武装部，各人民团体：

广大退役军人是党和国家的宝贵财富，是新时代中国特色社会主义事业的建设者，是实现中华民族伟大复兴中国梦的重要力量。近年来，我省广大退役军人积极响应党和政府号召，退役不褪色、转业不转志，继续保持发扬人民军队的光荣传统和优良作风，满腔热情地投身地方建设，积极主动服务社会事业，为推进改革发展维护社会稳定、保障改善民生做出了积极贡献，涌现出一大批先进典型，赢得了全社会广泛赞誉。在退役军人管理服务工作中，全省上下勠力同心，积极进取，管理服务的质量和水平都有了显著提升，涌现出一大批用心、用情、用力做实做好工作的先进单位、先进个人。

为深入贯彻落实习近平总书记关于退役军人工作的重要指示精神，褒扬彰显退役军人为党、国家和人民牺牲奉献的高尚风范和价值导向，不断增强退役军人的自豪感、荣誉感、责任感，激励广大退役军人在新时代展现新气象、争取新作为，推动在社会形成尊重尊崇退役军人的浓厚氛围，省委、省政府、省军区决定，对王永辉等100名优秀退役军人，高邑县民政局等50个退役军人管理服务工作先进单位，王卫利等 50 名退役军人管理服务工作先进个人进行表彰。希望受到表彰的同志和单位珍惜荣誉、再接再厉，努力在新的征程上再创新业再立新功。

省委、省政府、省军区号召，全省上下要坚持以习近平新时代中国特色社会主义思想为指导，切实提高政治站位，牢固树立国防观念，围绕"让军人成为全社会尊崇的职业"，深入开展向优秀退役军人学习活动。要学习他们不忘初心、牢记使命、自强不息、顽强拼搏的时代精神，学习他们顾全大局、勇于担当、甘于奉献、坚韧执着的优良作风。要以优秀退役军人为榜样，坚持用他们的先进事迹激励自己，立足本职，苦干实干，为坚决当好首都政治"护城河"和新时代全面建设经济强省、美丽河北做出新的贡献。

附件：河北省 2018 年度优秀退役军人和退役军人管理服务工作先进单位先进个人名单

中共河北省委

河北省人民政府

河北省军区

2019 年 1 月 8 日

河北省民政厅、省人社厅向全省广大退役军人发出倡议
开展向吴洪甫同志学习活动

　　河北省民政厅、省人社厅向全省广大退役军人发出倡议，迅速掀起向吴洪甫同志学习的热潮，争做吴洪甫式的新时代退役军人。

　　吴洪甫同志 1959 年入伍，曾服役于中国人民解放军空军某地空导弹部队二营，在标图员的岗位上为该营两次击落美制 U-2 高空侦察机做出了突出贡献。1965 年 2 月，吴洪甫同志光荣退役，退役后他保守国家秘密，"隐姓埋名"37 年，以实际行动践行了"不忘初心、牢记使命，听党话、跟党走"的铮铮誓言，诠释了"退伍不褪色，退役不退志"的军人风采。

　　省民政厅、省人社厅倡议全省广大退役军人学习吴洪甫同志不忘初心、对党忠诚的政治品质，坚定理想信念，弘扬优良传统，汇聚社会正能量。广大退役军人要进一步牢固树立"四个意识"，坚定"四个自信"，落实"两个维护"，始终在思想上、政治上、行动上同以习近平同志为核心的党中央保持高度一致，以对党绝对忠诚的实际行动展现新时代退役军人的新作风。学习吴洪甫同志爱岗敬业、精益求精的优良作风，干一行爱一行，努力实现人生价值。广大退役军人要在各自工作岗位和生产生活中，立足本职岗位，干一行爱一行，争做各自行业的行家里手，努力实现目标追求和人生价值。学习吴洪甫同志信守承诺、不计得失的高尚品德，脚踏实地，埋头苦干，助力富国强军。

广大退役军人要树立人生远大理想，将个人追求与中国梦、强军梦融为一体，在各自岗位上埋头苦干，开拓进取，为建设富强民主文明和谐美丽的社会主义现代化国家和现代化的人民军队贡献自己的力量。

2018 年 9 月 20 日

学习老英雄　展现新作为

中共广宗县委书记　高福纯

近日，《人民日报》、新华社等媒体集中报道了"隐姓埋名"三十七年的国家一等功臣——广宗县槐窝村退役老兵吴洪甫的感人事迹。他曾参加过空军地空导弹二营三次击落美制U-2型高空侦察机的战斗，其中两次他都是标图员。退役后，他保守国家秘密，诠释了"退伍不褪色、退役不退志"的革命军人本色。吴洪甫是广宗县人，是我们身边的英雄，他的事迹看得见、摸得着、树得起、立得住，平凡中蕴涵着伟大，朴实中放射着光芒。广宗县委在全县各级党组织和广大党员中开展"学习老英雄、展现新作为"活动，学习吴洪甫同志"铁一般信仰、铁一般信念、铁一般纪律、铁一般担当"，汇聚全县扶贫脱贫攻坚战役的磅礴力量，展现新时代共产党员的新担当新作为。

学习吴洪甫铁一般信仰，做习近平新时代中国特色社会主义思想的坚定信仰者。"自古皆有死，民无信不立"。一个人没有信仰，会迷失人生的道路；一个组织没有信仰，会缺乏前进的动力。吴洪甫说，"我的血液里流淌着红色基因"。三十七年的时间里，支撑他始终保守国家军事机密的力量，是对党的忠诚信仰。"革命理想高于天"，坚定理想信念，坚守共产党人的精神追求，始终是共产党人安身立命的根本。对党员干部来说，理想信念需要内化于心、仰视而守，更需要外化于行、俯身而干。广宗县是国家扶贫工作重点县，2018年面临着脱贫摘帽的艰巨任务。学习老英雄吴洪甫铁一般的信仰，实践共产党人的精神追求，对于广宗县各级党组织和广大党员干部来讲，最现实、最急迫的考验就是进一步坚定攻坚克难、背水一战的信心，坚守攻城拔寨、不胜不休的意志，把脱贫攻坚的责任扛在肩上，团结带领全县人民勇敢跨越脱贫道路上的"雪山""草地"，把脱贫"长征路"上的钉子一个一个拔干净，不达目的不罢休，"不破楼兰终不还"，高质量、高标准地打一场脱贫攻坚战役的翻身仗。

学习吴洪甫铁一般信念，做入党誓言的忠诚实践者。五十九年前，吴洪甫同志怀着保家卫国、报效人民的赤胆忠心参军入伍。身处标图员这一关键岗位，他勤学苦练，"看、算、报"同步进行，练就了一身过硬本领，敌机来犯时，他仅用了3秒钟就标示出准确位置，为成功击落敌U-2高空侦察机赢得了宝贵的时间。退伍后，他为了这份共和国军人的信仰，把国家、人民的利益置于个人利益之上，做出了巨大牺牲，无怨无悔，坚守誓言。不忘初心，方得始终。党在不同的历史时期有不同的中心任务，每一名共产党员所处的岗位不同，践行入党誓言也有不同的具体路径。抗战时期，赶走日本侵略者、实现民族解放是中心任务，打鬼子、端炮楼是践行誓言；土改时期，推翻封建土地制度、让贫苦农民耕者有其田是中心任务，斗地主、分田地是践行誓言。今天，中国特色社会主义进入了新时代，全面建成小康社会、实现"两个一百年"奋斗目标、奋力实现中华民族伟大复兴中国梦是中心任务，为中国人民谋幸福，为中华民族谋复兴是践行誓言。习近平总书记指出，打赢脱贫攻坚战，对全面建成小康社会、实现"两个一百年"奋斗目标具有十分重要的意义。践行入党誓词，就要自觉承担起"压舱石"的重任，时刻牢记"脱贫攻坚、我的责任"，把打赢脱贫攻坚战作为重大政治任务。我们要坚持党中央确定的脱贫攻坚目标和扶贫标准，坚决贯彻精准扶贫精准脱贫基本方略，既不急躁蛮干，也不消极拖延；既不降低标准，也不吊高胃口，确保焦点不散、靶心不变。我们要聚焦特殊贫困群体，确保不漏一村不落一人，以实际行动致敬时代楷模，

以奋斗践行崇高誓言，矢志不渝、牢记使命，决战决胜脱贫攻坚战役。

学习吴洪甫铁一般纪律，严守党规党纪的底线。"务必不能因地方没安排就闹意见；务必不能泄露军事机密和国家机密。"吴洪甫老人将军规军纪奉为圭臬，即使在儿子致残、母亲瘫痪、妻子股骨头坏死，生活举步维艰时，也守口如瓶、严守秘密，无怨无悔。扶贫工作点多、面广、牵扯利益大，是腐败问题的易发多发领域。每一名党员都要向老英雄学习，严格遵守政治纪律和政治规矩，踏实做人、用心做事。要心有所畏。明底线、知敬畏，时刻增强纪律观念、底线意识，时刻把纪律和规矩挺在前面，时刻牢记"手莫伸，伸手必被捉；党与人民在监督，万目睽睽难逃脱"。要言有所戒。领导干部作为"关键少数"，说话导向性强、关注度高、影响面广，必须言之有物、言之凿凿，决不能信口开河、百无禁忌，要明白什么话必须说、什么话谨慎说、什么话不能说，决不能损害党在人民群众中的形象。特别是扶贫干部，身在一线、贴近群众，更要注意拿捏好尺度、把握好分寸，不说官话套话，要说老百姓听得懂的话。要行有所止。牢固树立和践行以人民为中心的发展思想，坚持人民至上的价值取向，正确行使人民赋予的权力，主动接受人民群众监督，不踩"红线"、守住底线，做到绝对忠诚、绝对纯洁、绝对可靠。

学习吴洪甫铁一般担当，展现新时代新作为。"天地生人，有一人当有一人之业；人生在世，生一日当尽一日之勤。"吴洪甫同志在部队刻苦钻研业务，是技术标兵；退伍后，本本分分做农民，发挥余热，再立新功，用行动诠释着革命军人的责任和担当。责尽心安，苦中孕乐，快乐和尽职如影相随。"知责任者，大丈夫之始；行责任者，大丈夫之终。"责任既是一种精神，更是一种品质。敬业才能成就事业，尽责才能赢得尊严。一个人不负责任，就会被人轻视，失去信任。位高者责重，名赫者责大，遇到问题尽到自己的责任，事情往往会得到解决；该做的工作不去做，事情就会越来越复杂。责任心强，再大的困难也可以克服；责任心差，容易的工作也可能做不好。责任和担当体现着共产党人的胸怀、勇气、品格，有多大担当才能干多大事业，尽多大责任才会有多大成就。在广宗县脱贫摘帽的关键时期，党员干部更加需要以吴洪甫老人为标杆、为榜样、为楷模，不断聚集挑重担、啃硬骨的正能量。要讲认真。行百里者半九十。打开门的可能就是最后一把钥匙。认真就要有一股锲而不舍、坚韧不拔的决心和毅力，就要有一种再努一把力的精神和斗志，就要追求极致、追求更好、追求高标准，认准的事情就像钉子一样钻进去，咬定青山不放松。在脱贫攻坚战役上，宁可战死累死，也不能临阵脱逃。要讲负责。锁定目标，用尽才智，谋在深处，干在实处，下足绣花功夫，既不畏惧困难、轻言失败，又不小进则喜、轻言胜利。以实实在在的担当和作为，打造新时代、新担当、新作为的党员干部队伍。要讲团结。"三人一条心，黄土变成金。"各级党组织和党员干部都要登上脱贫攻坚战役的"战舰"，心往一处想，劲往一处使，共下一盘棋，共同奏响脱贫攻坚的激昂乐章，在新时代展现新作为。

（载 2018 年 11 月下半月《共产党员》杂志）

后　记

　　2018 年 11 月，我在中央电视台播放的"最美退役军人"颁奖典礼上第一次见到了退役老兵吴洪甫。听了他的简要事迹，很是钦佩和感动。吴洪甫当了五年兵，参加过地空导弹二营击落三架美蒋 U-2 侦察机的战斗，有两架是他在营部的指挥车上，以标图员的身份精准地标出敌机所在位置，供指挥员最后下决心下令发射导弹，将不可一世的 U-2 侦察机击落，并击毙或活捉了敌机飞行员。吴洪甫也因此荣获一等功。更难能可贵的是，他退伍回乡后恪守部队保守军事机密的诺言，一直不说自己参加击落 U-2 侦察机的战功，保守了三十七年的秘密。

　　吴洪甫和二营官兵击落了三架 U-2 侦察机的时候，我分别在上小学和初中。当时我们听到这些喜讯时，高兴得又叫又跳，奔走相告。

　　1966 年 10 月，我作为学生代表到北京参加"大串联"，接受毛主席检阅，来到中国军事博物馆，见到了那架我军打下来的 U-2 侦察机"黑老鸹"的残骸。

　　于是，我就想去采访这位老战士。要采访这位老战士的念头，还源于我是一个装甲兵部队的退役老兵。我比吴洪甫老人小十岁，当兵晚八年。我当兵时，他这个军龄的军人大都是我的连排级领导，我对当过兵的人有一种很自然的亲切感。

　　我先从地图上查了邢台市广宗县的位置。对于广宗县，因我孤陋寡闻，以前还真没听说过，但邢台却是知道的。1966 年 3 月 8 日，邢台地区发生大地震，敬爱的周恩来总理冒着余震的危险前去视察，部署抢险救灾，给了灾区人民极大的安慰。

在去广宗县之前，我又从网上搜到了许多关于吴洪甫和导弹二营以及英雄营长岳振华的资料，还听一位在上海地空九营当过导弹兵的朋友桑林讲述了导弹部队的生活，使我最后下了前去广宗的决心。

从济南到广宗直线距离也就 210 公里，济南好像也有直达广宗的汽车，但我却不愿意坐汽车。坐动车从济南到邢台东是 440 公里。本来想找个伴的，主要是对广宗的治安有点儿担心。但找不到伴，那就下决心自己去了。在山东本省，去哪个市哪个县都可以"大摇大摆"，去外省，还是有点儿警惕的。

去之前，又担心去了之后吴老不在家，于是从查号台查出广宗县退役军人事务局的电话，打过去后，讲了来意。一位女工作人员很热情，介绍我与县委宣传部副部长贺相佳联系。联系后，贺部长同样也很热情，很负责，告诉了我吴老的电话，并告知了吴老我去的意图。

我去了广宗后，县退役军人事务局局长闫兰双和贺部长对我的采访给予了积极的支持，安排了住宿，并派工作人员开车接送采访。本来我打算吃住、车辆都由自己解决的；对于治安的担心，那就更是多余的了。

广宗当地的小吃豆腐脑，又细又嫩，很可口；还有一种饼卷肉也很有特色，很好吃。

采访吴老也很顺利。老人耳聪目明，记忆力很好，又有一定的文化水平，采访了一天加两个半天，我心中大致有了个底，就想先回家写写试试。

本来我想在广宗再多住几天，写出初稿来，再采访吴老的。但采访到"花粉"，得先消化一下，酝酿一番，沉淀一番，才能酿出"蜜"来，于是第三天的中午就赶赴邢台火车东站。下午 15 时 52 分，乘 G2056 次车返回济南。因三天来连续奔波采访，有些疲劳，加上采访达到了

预期的目的，心有些放下了，在车上还断断续续地睡了一个多小时。醒来时，已进入山东大地。车外远处的麦田一片金黄。用手机拍了两张照片发给家人和朋友，还打上了毛主席的两句诗："喜看稻菽千重浪，遍地英雄下夕烟。"

回到家，先看了两天有关资料，第三天开写。想了想，还是采取以往"穿糖葫芦"的写法，先把印象最深的情节写下来。写了三天，写了两万多字。其中的6月4日从早上5点起来写，到了晚上9点，写了11000多字。到了今天的6月5日，把写的"葫芦"按吴老的经历从头理一理，顺一顺，穿一穿，觉得稿子有个雏形了。

2019年6月5日

采访这个稿子让我碰上了一个有难度的事，就是吴老参与发射导弹的过程，我请他讲了两遍也没弄明白。毕竟导弹这种科技尖端武器的发射比常规武器像大炮、坦克要复杂得多了。但也不要着急，再多看看有关资料，慢慢地不就弄明白了？采访和写的过程，也是个学习的过程。主要还是写吴老这个人，写他本人的先进事迹。

2019年6月6日

初稿写出后，我又请在济南的原地空导弹九营的朋友桑林给我讲了一番导弹发射的过程。他还在纸上画了一些图，又发给我几张车载导弹雷达天线的照片，让我更有些直观感。之后，在6月13日，我第二次去广宗采访吴老，县退役军人事务局局长闫兰双、安置股股长宋会曼，宣传部副部长贺相佳同样给予了积极的支持。经与老人又聊了一天半，有许多事情的来龙去脉，更清晰了一些。吴老还说了一些新的故事和情节，我心中就更踏实了。

第一次来广宗时，田野里的小麦还没有收割，半个月后的第二次来时，小麦已收割完了。槐窝村外的田地里，一大片向日葵朝太阳开放着金黄的花盘，西瓜地里有一个个花皮西瓜，街口上方有许多黑色的小燕子喳喳地叫着飞来飞去，远处布谷鸟传来一声声"快快布谷"的鸣叫。这一派田园风光，在大城市里是看不到的，它让我感到很温馨，很亲切。

我仿佛看到年轻的战士吴洪甫头戴军帽，上穿绿军装上衣，下穿蓝军裤、解放鞋，背着黄军背包，从远处的田间小路上，朝槐窝村大步走来。

2019 年 6 月 20 日

稿子打出来后，我先校了一遍，从网上发给广宗县退役军人事务局，委托他们去送给吴老一份清样，请吴老尽快看看，提提意见。县里也看看，提提意见。过了两天，我打电话问吴老，他说稿子看过了，有些地方要改一下。于是决定，7 月 2 日去广宗。尽管流火的 7 月，泉城气温达到了 37℃，河北那边气温也是这个度数。还有，7 月 1 日那天上午，我领两位老兵朋友去看望在济南的黄继光的战友李继德老人，走路时右脚的二拇趾突然很疼。但还是下决心要去广宗，即使挂根棍子也要去。要办成一件事，必须说干就干，加快速度，提高效率，集中优势兵力打一个速决战。这也是我一贯的工作作风。

7 月 2 日上午，拉着行李箱去 BRT 公交站时，为了走路得劲儿，我给脚趾缠上伤湿止痛膏，穿上了系带的网球鞋。但走路时，右脚的二拇趾还是很疼。疼也要去！

乘上从济南东到邢台东的 G2090 次列车，抵达邢台东是下午两点，事先联系的"拼的"接上我，就朝城外驶去。开"拼的"的胖小伙司机认出我来了，说上次就接过我，问你老来广宗干啥，是不是做买卖。我说你看我像个做买卖的吗？

仍在城市快捷宾馆住下后，打了辆出租车去吴老家，到吴老家是下午十六点半，跟司机约好十九点半来接我。

吴老对稿子看得挺仔细，他一边说着需修改的地方，我在自己带来的稿子上做了标注。吴老又讲了一些新的小故事。我问，稿子还可以吧？吴老笑着点了点头。到了 19 点，外边突然起了大风，刮得尘土弥漫，

接着电闪雷鸣，下起了雨。我实在希望老天下一场大雨，这天实在是太旱了，济南的黑虎泉已停喷了。但雨只下了顶多10分钟就停了。

司机因在城南送人，加上风雨交加，到了二十点半才来接我，到县城已是21点。在一个面馆吃了一大碗面条，把午饭也补上了。平时那一大碗面绝对吃不了。又担心吃得太饱，胃里不舒服，在一个小广场上溜达了三圈才回宾馆。因实在是累了，又是年逾古稀的人了，洗了个澡早早地就睡了。

正好是在建党九十八周年的日子里，我又是7月里入的党，基本完成了这个稿子，也是挺有成就感的。

本打算在广宗再住一天的，7月3日早上先在小广场上活动了半个多小时，在双杠上压压腿，又到曾去过的一个小店喝了一碗豆腐脑，吃了两根油条、一个韭菜包子。昨天看到路边有不少卖西瓜的，想买个小一点儿的尝尝，但卖西瓜的都还没来。看到有个老太太在卖桃子，就说我先尝一个，要是不好吃，也给你钱。老太太说你尝就是。结果桃子挺甜，就买了3斤，只5元钱。

上午到广宗县退役军人事务局，和局长闫兰双聊了一番关于稿子的事，觉得此行该办的事都办了，可以打道回济南府了。闫局长派局里的工作人员开车把我送到邢台东站。女儿提前给订了票，12时33分乘上G2052次列车，27分钟后抵达石家庄站。花山文艺出版社编辑室主任梁东方跟我约好，在地铁二中站出口等我。他想得很周到，说这样凉快一些。

梁东方是我2018年11月在花山文艺出版社出版的纪实文学《我和战友黄继光》的责任编辑。

但在石家庄站地铁站无人售票机前买票时，我却不会操作。一个南方口音的中年男子用他的手机给我买上了票。我连说谢谢，把纸币给了他。

在地铁二中站出口，我和梁东方愉快地聊了一会儿有关书稿的事，直接又乘地铁返回石家庄站。

15 时 33 分乘上 D1635 次回济南。检票时，一个女孩带了七八件牛奶盒子、花生油，拿不了。我帮她拎到她要上的 6 号车厢的候车处，女孩连声说谢谢大爷。

人年龄越大，越要多做好事。尽管做的好事不大，但对别人有益，自己心里也是欣慰的。

到了家，已是泉城万家灯火的 20 点。一天的奔波，汽车 — 火车 — 地铁 — 火车 — 公交车，"千里江陵一日还"。虽有点儿累，但很愉快。

做自己喜欢做的事，自己决定的事，不后悔。

2019 年 7 月 4 日

从采访到完成此书稿，整整四十天的时间。现在，此书顺利出版了，再次衷心感谢河北省退役军人事务厅、邢台市和广宗县退役军人事务局、广宗县委宣传部的大力支持，衷心感谢花山文艺出版社社长张采鑫、副总编辑李爽、编辑部主任梁东方、责任编辑温学蕾的大力支持。

谨致以一个老兵的敬礼！

2020 年 7 月 8 日于济南